天下文化

BELIEVE IN READING

天空的院子

翻轉地方的夢想、信念、價值

有種生活風格，叫小鎮

何培鈞——著

振鑫、林宜諄——採訪整理

一位年輕醫生
與一位有夢青年
一座年逾一世紀的古老莊園
一段跨世紀的忘年之遇
將夢想
漆成牆　化為景……

勾勒在藍圖上的線條不安於室
竄向窗櫺　攀上橫梁
跳躍著　舞動著
散發著它的生命力

我們站在天空的院子裡
被他們的夢想　包圍
於是
夢想成形

靜待世紀的蟄伏　遺世獨立
深埋心中的夢想　未曾放棄
一場忘年之遇　一番妝容整衣
拭去堅持的汗滴　凝視希望的朝陽
在前方　升起

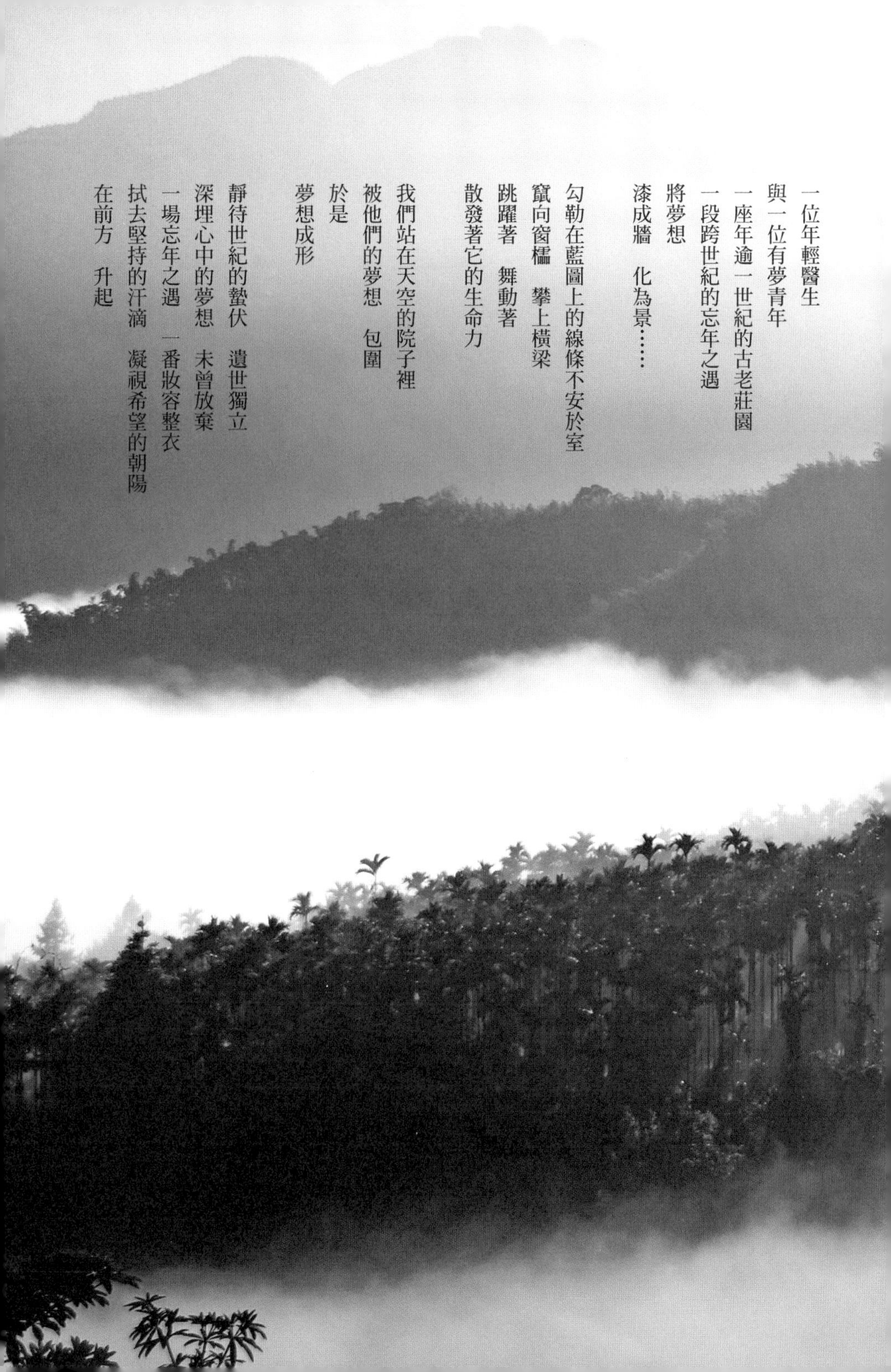

目錄

我的小鎮事業

小鎮文創2.0

推薦序

他是一位文創過動兒

王浩一／作家、浩克慢遊主持人

他很容易解讀，因為沒有什麼心機，熱情奔放。他也不容易解讀，因為總有過度投入的旺盛熱情，所為何來？

去年，因為拍攝「浩克慢遊」投宿了「天空的院子」，那次的錄影主題是「山城」，先拍攝了埔里，再趕路夜奔竹山，準備隔天山上的竹林與茶園。盤桓山路到了「天空的院子」民宿，抵達的時候已經十點多了，山上的夜讓人有些迷惘與興奮，可是必須早起，拴起大門，上床時間已是近十二點了。半夜的山雨下得急，被驚醒然後再度沉沉睡去，在如此不真實地感受下，我懷疑那陣山雨是我的幻覺。清晨五點要起床了，因為待會要錄影。

為何要如此早起，因為民宿主人何培鈞要趕著去遠地演講，他要早早動身，所以整個攝影團隊空著肚子開始錄影。劉克襄與我配合他的出發時間，算是搶拍吧。我終於遇見這位過動兒的毅力了，常常看見他的臉書說今天又去哪裡演講，昨天又參加了什麼座談會。一次的舟車勞累沒有問題，五次也可以挺得過去，可是一年近百次的苦行僧南北奔波，那就蹊蹺了，他在忙什麼？他所為何來？

他曾經邀約我回竹山，向在文創路上努力的一群年輕人，分享我在台南的文創經驗。「回竹山」那是少小離家老大回的「某種惶恐」，也是重新檢視我曾經熟悉的故鄉小鎮，有一種「雀躍的虛名」。然而這個約定，我還等著他的召喚。雖是如此，我已經環視了何培鈞的「小鎮文創」種種，隱然的喝采，訝然的驚喜。我是竹山人，何培鈞不是；何培鈞在竹山，而我不在。這種交換立場的觀察，真是有趣。

其實趣說他是過動兒，是欽佩，是高度肯定。現代很少人像他帶有唐吉軻德的傻勁，前進，不成功，再試；效果不佳，再換個方法；挫折，再試一次……。當年他將一座半頹的老房子煥然新生，就是如此。從此「天空的院子」的晴亮，就像他清湛的眉宇，山林的雲雨與霧靄，就成了他的心路寫照。何培鈞營造自在的山野生活形式，卻是效率騰騰。他創建的悠閒山居空間，過程則成了年輕人的心靈雞湯，裡面蘊含了激發動力的啟發。演講中，年輕人專注地傾聽他的山路與心路，甚至哲學式的生命價值與行銷思考。

我也喜歡聽他說著那一段「天空的院子」從動心起念開始，一路奮起不懈的往事，故事總是如進行曲一般，有強烈的節奏，輕鬆中卻又鬥志昂揚。然而，我卻更感興趣他的「小鎮文創」景色。

文創，文化創意，而「文化」兩字的精煉意涵，就如余秋雨所說的「精神價值，生活型態」。文創絕對不是華山、松菸那種財團公主所展示的型態，如果你知道了何培鈞的「小鎮文創」演化過程，你一定會同意我的說法，那是地方小鎮特質與居民生活型態的創意呈現，精采而有質感，感動而有未來。

竹山，是南投縣西南隅的小鎮，歷史久遠，也曾是中部地區的重要交通樞紐。當然她沒落許久了，九二一地震後更顯小鎮的寥落，人口外移的數量加劇。然而，這個小鎮開始文創之後，年輕人回來了，怎麼辦到的？發生什麼事？有無其他正在掙扎的小鎮可以借鏡的地方？

讓小鎮動起來，這是大事。現在不流行大有為政府了，小鎮要走出自己的希望，要有年輕人回來。然而要年輕人回來，要先讓他們看到「活力與希望」，於是一些留守小鎮的文青開始路跑、夜跑，他們從「改變安靜」開始，揪人也揪心，小鎮的街道跑動起來了。把小鎮的資源仔細盤整，熱心達人清單列出，明白「在地化與國際化」是不相悖的，接著「青創平台」建構出來了。

這時，何培鈞與一群人提出「把遊客變成社會學家」這樣的知識經濟鄉鎮概念，把小鎮的問題變成資源，許多外地年輕人來此以工換宿，他們到了一個友善的小鎮學習，也創新小鎮的可能性，在地人與外來者一起把「小鎮資料庫」建立起來，開始向外傳授經驗。

這是驚人的行動累積與成果，也清晰的宣告「方法比熱情重要」。小鎮的希望，看到了；青年的未來，可以碰觸得到了。我明白何培鈞是旗手，他真的是一位無可救藥的文創過動兒，令人欽佩。我也期待台灣有更多的過動文創者在各地，起飛。

推薦序

水牛精神的韌性創業家

許毓仁／TED×Taipei 策展人 &共同創辦人

我跟培鈞都是第一屆行政院青年顧問團的成員，這個在318學運後應運而生的非正式團體，一共有二十七位來自各行各業的年輕人參與，定期開會，認養議題，扮演政府和人民溝通的角色。我認養的議題是教育和青年創業，培鈞則是青年鄉鎮發展……等。因為青顧團的關係，我和培鈞也常常有機會互動交換意見。每次青顧團開會，他必定準時出席，準備充分，積極的參與。由於他住在南投竹山的山上，每次要發言時他總是會說：「今天我從海拔八百公尺的山上前來與各位見面。」

前些時日，我終於有機會到培鈞的「天空的院子」住上一晚。這個位於南投竹山的百年三合院，與其說是民宿，更是記載一個年輕人奮鬥、展現生命力的最佳寫照，而這個故事也是一個社會創新的實踐。從竹山沿著山路緩緩上山，盡收眼底的是綠油油的竹林和層次分明的茶園，隨著海拔線的上升，遠方的山已經被山嵐環繞，陽光透過雲層若隱若現。我和太太抵達時已經是傍晚，車子駛入停車區，培鈞已經在那兒招手，用他那招牌的微笑、永遠不變的「小鎮文創」白T-shirt和大圓框眼鏡迎接我們。

「天空的院子」是一幢三合院建築，座落在一個小山丘上，天氣好的時候可以遠眺南投。「院子」四周種滿了欒樹、松樹，共有六間房間，入住時已經有一個外國家庭在院子的中庭乘涼聊天。培鈞在三合院的川堂（現為會客室）砌好一壺茶，細數當年如何創建這個心中的夢想。原來，他在大學時就邂逅這間房子，當時算是一個廢墟。他借貸了上千萬，修整這座廢墟。從來沒有經營民宿的經驗，他從做中學，被拒絕過上百次，過程中還遇到了他的父親病危，每天醫院民宿兩邊跑。

培鈞的每一個故事都是真真實實的，他的眼睛充滿熱情和希望，我問他：「是否曾經想要放棄？」想想他遇到的困難，培鈞說：「有啊，好幾次都瀕臨絕望了……」我心想，是什麼原因讓他撐下去，讓他走到今天？他說那段醫院民宿兩頭跑的日子，所有人連醫生都建議他拔管放棄治療，但他堅持讓父親繼續治療，希望有一天他能看到「天空的院子」成功的樣子。而奇蹟似的，父親竟然慢慢有知覺，可以講話，漸漸復原了！培鈞的努力感動天，幾年後他在「天空的院子」舉行婚禮，父親也參加了。我依稀記得那天傍晚談到這段往事，培鈞的眼眶濕潤了。

夜裡山上的涼風吹得竹林沙沙響，有種安詳的氣息，睡得也特別甜。隔天，用過早餐後，培鈞邀請我到他的另外一個社會企業「小鎮文創」參觀。「小鎮文創」是培鈞在竹山建立的一個社會創新顧問公司，在於用社會觀察以群眾之力來解決社會問題。

培鈞的做法總是令人耳目一新，他與當地年輕人在廟口辦路跑比賽，把竹山的年輕人凝聚起來；他租下一棟透天厝，用提案換宿的方式，一年吸引了數十個各路英雄好漢幫竹山提案，有些想法、做法也被實踐了。他還帶我去看正進行中的「台西客運站」活化案，他想把一個廢棄的客運站，重新改裝，成為社會創新的基地。我們穿過竹山鎮的大街小巷，拜訪竹子工藝工作坊、當地的打鐵鋪。每到一個地方，透過他的眼睛、理想和熱情，看到未來的可能性。在他眼裡，困難是挑戰，資源匱乏正好讓他發揮創意，他是一個真正的翻轉創業家。這是我認識的何培鈞。

我很開心也很榮幸替培鈞的新書寫推薦序。我覺得台灣需要多一點領袖，各行各業的領袖，需要更多人站出來承擔責任。培鈞就是一個這樣的人，勇於承擔責任。他的光芒不是光輝絢爛，稍縱即逝的，他是持續不疑的水牛精神。這一個世代的台灣需要有更多的韌性，而培鈞已經做了最好的示範。

好評推薦

兩年多前，我第一次到竹山，培鈞在他的車上跟我說著「天空的院子」，如何從一片廢墟到成為台灣最美麗院子的故事。我到現在還記得，他當時說著從一磚一瓦開始動工的神情，有多麼的耀眼和令人感動。

他讓自己的夢想從廢墟裡再生，他也讓竹山從一個空城，翻轉成帶著濃濃在地味的文創小鎮。

他的故事，不只是成就自己的故事，而是啟發更多無助徬徨的年輕人，願意把夢想用挫折來種下，然後以汗水和淚水一起灌溉，讓屬於台灣這片土地的文化，能透過更多年輕人的創新和實踐而遍地開花。

如果，你還在懷疑自己，這本書將讓你知道，你應該擁有的夢想，其實比你想像的還要巨大許多。

——田定豐／豐文創創辦人、攝影作家

認識培鈞，是在一場數百人的論壇中。在那之前，已經從報章雜誌、朋友前輩口中聽過他的故事好多次。禮貌性遞上名片、說明我來自社企流，培鈞很有朝氣的回道：「我知道你們，也很喜歡你們的理念，我們一起加油！」短短幾句話，就是我跟培鈞從陌生人變成好朋友的距離。

遇見培鈞，也總是在我們擔任講者的論壇中。雖然不常見面，但每回遇到他，除了問候，他總是跟我分享竹山更多新計畫，也跟我說社企流可以有哪些新嘗試，從來不曾喊累。在他身上，真的看到夢想「自」造家的特質——開創、真誠、熱忱、分享，翻轉了許多人對社區發展、青年返鄉、社會企業等詞彙的想像。

很榮幸受邀擔任這本書的推薦人，邀請您一起走進培鈞精采的人生故事，認識他的夢想、信念與價值。

——**林以涵**／社企流創辦人

竹山，一個台灣地理上常遭忽略的名字，十年來因為有了「天空的院子」而徹底改觀。台灣經濟起飛的過程，把青壯人口擠壓到工廠到都市，農村、漁村、部落失去活力，加上農業長期的衰敗，猶如荒村的景象，到處可見。「天空的院子」所在地大鞍村就是典型的代表。

而竹山的復甦，也像當年台灣經濟的發展一樣，是個「奇蹟」。這個奇蹟來自一位早熟、有自覺、有方法、敢行動的青年永無止境嚴格要求自我的實踐；他同時掀起一波波難以形容的台灣城鎮再造。

何培鈞集商業、NGO、社群跨域等治理模式，在網路與媒體引起關注後，順勢成功推出換宿等活動，吸納熱情的人力資源，轉化成對竹山社會的貢獻；且透過無數的演講，感動更多的人，「何培鈞世代」已然成形。

這本書，讓我們看見何培鈞的背後，他的價值觀，他的所有不可置信的拚命，期待這股力量的扎根，讓台灣鄉鎮到處，遍地開花。

——廖嘉展／新故鄉文教基金會董事長

作者序

鄉鎮最美的風景，是在地最動人的夢想

何培鈞

十年的累積，一直受到社會各界持續的鼓勵與照顧，今天終於完成了《有種生活風格，叫小鎮》一書，我們都非常珍惜。這本書書寫了我從家庭、學校教育，到社會創業等不同階段的生活紀錄與省思，期許能夠提供台灣青年一種安定的力量與未來的嚮往。

身為六年級生的我，出生在早已脫離貧窮的社會，是一個可以念大學、有勞健保、週休二日，還有機會出國旅遊等的美好年代；相對的，這個年代，也是房價高、薪資低、物價高漲的壓力年代。每個時代都在變動，每個時代都在包容，每個時代都有自己的矛盾與掙扎。

九十三歲的外公，至今仍與我們同住。每當我看著白髮蒼蒼的他，每天規律的看書、吃飯、運動跟休息，我總是難以想像他們那個年代所經歷的一切。那是一個動盪不安與充滿苦難的年代。小時候曾聽外公回憶起他的孩童時期，我無法想像，如果是現在的我，可有那樣的勇氣與毅力，去經歷那個年代的宿命與包袱？我經常問外公：「您在生活艱困的時候，如何讓自己克服眼前一切考驗？」外公淡淡的說：「當別人受不了，我可以忍耐；當別人放棄了，我可以堅持。」當下，我就決定把外公告訴我的話，放在內心，永遠不忘記。

尤其，從「天空的院子」到「小鎮文創」，每個艱困經營的階段，都是在許多夥伴與家人不間斷的支持之下，才能一步一腳印，在鄉鎮裡扎下了根，發出了芽，長出了葉，最後開出了花。至今，我們仍在竹山持續努力營造社會共好的發展生態。

最近，我們承租下竹山鎮上「台西客運站」閒置運輸空間，將這個空間轉化成一個從產地到餐桌、把竹子工藝融入餐飲空間的「竹青庭人文空間」，已於二〇一六年一月完成（見p.270）。「竹青庭人文空間」除了象徵交通客運站被活化的個案外，也支持農夫生產的在地食材，並且將竹編工藝導入建築空間運用。很多第一次在地發想的理念，持續推動竹山的改變。

為了鼓勵更多在地居民持續改變、提升自己的能力，我們也同步建構「小鎮未來行動平台」，與在地朋友一起打造自己的夢想計畫、透過網路平台凝聚人氣、邀請外地的旅客來支持參與，成為在地夢想的行動參與者，讓「觀光客成為社會學家」的觀點，成為竹山小鎮最具體的實踐典範。如果可以，我們也期許「小鎮未來行動平台」能帶給台灣鄉鎮居民更多改變的動力，讓鄉鎮最美的風景，是在地最動人的夢想。

最後，我們把在竹山累積十年的發展實務經驗，透過與雲林科技大學張文山老師合作，整合歸納為「小鎮文創」在地知識學習系統「竹巢聚落經理人」

實務課程，讓竹山從觀光體驗提升為知識學習的場域。期許未來能引領更多華人世界的青年朋友，到竹山「小鎮文創」進行深度學習。

青年朋友們，別輕易就讓自己失去了人生理想。縱使現實生活經常要我們認輸，我們的內心，也絕對不能輸。我們一定要讓竹山小鎮恢復元氣，一定要讓台灣鄉鎮發展創新，一定要讓國家社會充滿朝氣，只要我們願意持續努力，就有翻轉的契機。

我有一個夢

或許，眼前這一切都必須從這座遺落在山林中的百年廢墟開始說起……

夢想，緣起

我開始懂得喜歡現在
喜歡現在就一直
充分準備的自己

記得，我大學時就曾盼望，畢業以後的生活，自己會喜歡。大二那年夏天，父母親從故鄉南投水里移居竹山鎮大鞍里生活。我對這座海拔八百公尺的村莊很陌生，但或許因為懷有這樣的信念，很快就被美麗的山林與平靜自然深深吸引。

大學期間，只要是假日，我經常揹著背包坐上火車，滿心期待能夠上山感受繁華大城市所無法體會的感觸，一個人沉浸在整片美麗的山景中，慢慢走完一段又一段的林間小路。每次在山路途中，望見金色陽光穿透竹葉葉緣灑落的光影，總是令人心境特別平和。

某天，突然在滿山竹林環繞的山路夾縫中，發現一條由石板堆砌而成的階梯，石階表面布滿綿密青苔而有些滄桑。我順著石階的方向走去，不知為何，當下內心也悄悄的感受到不安與期待。我踏著古老的石階往上走，一階接著一階，然後加快了腳步。突然，出現在我眼前的，竟是一座看似雄偉壯觀，卻又殘破不堪的古老廢墟。

百年廢墟似乎禁不起歲月的無情摧殘，任憑時光流逝靜靜的沉潛著。我試圖想像在這座百年廢墟中曾經發生過的一切，心中突然湧起一陣很深的感觸。我邊走邊想，看著遠方山腳下城市築起的高樓，那些繁華中的擁擠、熱鬧，與眼前頹圮的景象，存在著一種強烈對比。

這座百年古厝與我並無特別淵源，為何我卻感覺難過與不捨？這種內心不捨的感觸，是否因為傳統文化被生活的冷漠所遺忘？我並不清楚。只是看著這些過往我們珍惜的風土文化，竟隨著工業化而逐漸逝去，令人唏噓。天色漸晚，我帶著內心的激動下山。也就在大學二年級那年，我開始試圖努力找回早已深存我們心中的古老記憶。於是，我立下了志願。

衝破迷惘

騎機車回家的路上，沿途的山林茂密而安靜無聲，思緒卻澎湃激昂格外清有夢想的人往前奔跑，沒有夢想的人四處流浪。

晰。雖然眼前的路，我還不清楚，對於未來的態度，卻有一種篤定的激情與決心。

我念長榮大學醫務管理學系。因為在山上的深刻體悟，回到學校後，我開始為自己由衷嚮往的未來著手準備。表面上看似一成不變的大學校園生活，內心深處卻早已有一種說不出的迫切感，不斷的期許自己，希望逝去的傳統建築文化，能在我們這代人的手中重新喚回。

因為開始懷有這樣的理想與抱

負，讓我在學校的學習態度產生了自信，並且深信學校所學的一切，是為了讓自己邁向更長遠的未來。我發現了一個迥然不同的大學風情，彷彿突然明白了人生的一些事情。

人生總是有許多當下，縱使輪廓初始不那麼清晰，經常徘徊思考，只為了在撲朔迷離中發現一條明確的道路，這並不容易。大學三年級時，我成為班上少數沒報考研究所的學生，更開始積極的跨系、跨校、跨領域的自主學習，也特別參加顧問公司為企業主管規劃的中階實務管理培訓課程，因為我想更清楚的了解，企業主管在管理實務上，可能經歷的困難與解決方案。

不為文憑與考試

同學對於我的決定感到非常訝異，因為我額外付出時間學習的類別科目，其實並沒有學分文憑的相關證明，更不是系所對學生的期待與規劃。然而，如改變，不要等到很久以後，立即行動，就能放手一搏。

果我們在大學裡的學習，僅是為了文憑學歷，一旦沒有考試學分制度，很容易就停止學習，反而失去了教育最終的社會價值與意義。有鑑於此，在學校的匆匆歲月裡，我始終努力學習，把握大學稍縱即逝的光陰。大學於我而言，不再只是為文憑考試而學習，更是為了自己擁有明確的未來而積極準備。

台灣每年有幾十萬名大學畢業生，如果每位青年都能以更開放與關懷社會的胸襟，找到自己人生的夢想，那麼，在學校所學的專業知識，一定能夠透過學生的主動學習與熱情實踐，而產生無限的力量。反觀，如果青年對於學習感到迷惘，僅是為了滿足社會各種形式制度指標，學習價值失去了意義，非常可惜。於是，我在大學期間，就一直在充分準備自己，對於未來，我不要等到很久很久以後。

古老的宅院

以前的人離開了
現在我們到來了
我們還能
為這座殘破的古老廢墟
留下些什麼？

大鞍，位於海拔八百公尺高的村落，一個鮮少人知的地方，一個當年台灣竹林產業最興盛的地方。早期，竹子的經濟價值非常高，從竹葉、竹幹、竹筍，每個部分都可以製作利用，因此，大鞍的居民因為滿山遍野的竹林而生活富足。

過去竹製產業繁榮興盛，這個村莊在日治時代籌備了一座林業集散中心，山裡也成立國民小學，當時有百餘戶人家居住於此。如今，隨著塑膠工業的興起，以及中國竹業進口的壓力，居民陸續搬移遷離。最後，只留下年久失修的老宅，與人去樓空的失落景象。我遇見的這座百年老宅，便是當時因人口外移而沒落的傳統建築典型。

這裡，曾經是張氏家族的祖厝。據聞，最興盛時家族成員達三十幾位之多，從遺跡裡依稀看得出祖先的生活型態。古宅裡的長鎗、飛鏢、米臼、古玩、裁縫機、舊日曆……我好似拿著放大鏡般，細細體會並尋找這些散落滿地的遺落物品，想重溫那段被遺忘的時光。

這座古老建築，屋簷破了，土牆倒了，水甕碎了，豬圈坍了……在過往來去之間，又一次次的經歷春夏秋冬。我心裡反覆思考著，我們究竟還能為這座殘破的古老廢墟留下些什麼？

大學畢業離開學校，接著是一年十個月的兵役。歷經了人生幾個重要階段，發覺自己成長了，也變化了許多，唯有三年前在山上發願的渴望依然。記得，退伍回家的隔日早晨，便迫不及待前往大鞍，探尋那座深山廢墟。很幸運的，幾年來，這座古老廢墟並

沒有因為天災傾頹，或遭人破壞，彷彿遺世獨立存在於深山之中。當下真是滿心歡喜，高興得大叫了好幾聲！

眼前的廢墟古宅，對於退伍之後的我，似乎象徵著另一個新意義的開始。我既欣喜又憂慮，在這座古老院子裡不斷的踟躕徘徊。在那瞬間，我突然想起長我三歲的表哥古孟偉，他是我想一起上山築夢的唯一夥伴。

每個角落都是光

表哥自小對建築就有濃厚興趣，他經常利用牙籤或者竹筷，設計不同造型風貌的房子，我也總是跟他玩得不亦樂乎。國三那年，外婆突然病危，最後帶著病痛的煎熬折磨離開了人世。那時外公告訴我們，他衷心盼望家族日後能有一位醫生，好讓親人可以免除在醫院無助的慌張與恐懼。

表哥是長孫，也是家族裡首位參加大學聯考的考生。他不負眾望順利考上醫學院的公費生，成為家族裡期盼的醫學院學生！正當所有人都興高采烈歡騰不已時，我卻看見表哥臉上除了幾分喜悅，還懷著幾分的鬱悶，好像幽微的心事撞擊了他的人生，而感到不安。到現在，我仍記得當時表哥告訴我：

「希望未來還有機會，成為一位建築師。」

在他就讀醫學院的七年裡，除了大六、大七必須實習，其餘幾年的暑假，他常把空閒時間耗在工地裡，因此奠定日後他在建築實務上的基礎。自從偶然與這座山中古宅相遇，我覺得古宅似乎也在暗示我，應該要找尋有緣之人並肩築夢。我不會建築，我不會設計，我不知道廢墟是否可能轉化為生命的表徵，不過正因為表哥對建築的熱愛與執著，在遇見老廢墟的那一刻，我唯一確定的是，我能與一位真心熱愛建築的人上山逐夢。

人生如果有勇氣選擇蛻變，必定會展現出生命不同風貌的豐富與華美。

當表哥初次站在這座古宅的前庭廣場，純淨的微風緩緩吹拂這裡的一草一木，他立即被此地百年的清明所深深吸引。清早的晨光映照在建築表面上，彷彿古宅在歲月中的每個角落都是光，無需刻意也無需裝飾。原來，歲月所遺留下的痕跡，竟能迸發出如此撼動人心之美。

表哥仔細巡視、觀察古老建築的每個小角落，他的眼神與表情流露出尋遍千山萬水，終於找到一處可以彌補兒時夢想缺口的地方。於是，上山當天，表哥和我，對於未來，還看不見，也聽不見，不過，兩人卻已經決定展開山中築屋的漫長歲月。

家族革命

我的父親是閩南人，母親則是客家人，自我出生懂事以來，父母親一直非常細心照顧我與妹妹，一家四口大部分的生活時光，總是在歡笑中度過。當時天底下的事情沒有絕對，絕對的是，你身上該具備的勇氣、毅力，與智慧。

我剛退伍，表哥也正式向醫院請了長假，我們決定上山修繕這座荒蕪的百年三合院，打造我們的夢想天堂。我找母親討論此事，沒想到母親竟然這麼說：「如果人生過程中，找到了自己前進的路，記得，要勇敢堅持，一步一腳印走下去，媽媽會盡全力支持你們。」

母親為了我們，背負著整個家族的輿論壓力，承受許多親人的指責，我們經歷了一場如暴風雨般的家族革命，每位長輩都堅決反對。表哥說：「希望長輩體諒，讓我能夠完成小時候的夢想。」直到現在，我仍對母親充滿愧疚。母親，請您原諒我們當時的任性與固執，您的慈愛，讓我們有機會認識自己。

雖然無法取得長輩的諒解，兄弟倆依然選擇上山。表哥告訴我：「我們沒有建築的專業背景，也許可以試著先住在古宅裡一段時間，慢慢與它培養感情，觀察這裡的氣候風向與日升月落。等到產生了情感，有了感受，再開始動工修復吧！」

表哥把院子視為一座擁有生命的建築，無論多少時間，多少金錢，我們的初衷，是修復它，而不是拆除重建。也許是因為一磚一瓦不假他手的親身投入，讓我們與院子之間，建立起更深厚的情感。這裡，除了是我們的夢想外，也是我們親手打造的家。在與院子朝夕相處的過程中，表哥慢慢用線條勾勒出夢想的雛型來，筆跡，象徵著夢想初心的開始。

我們兄弟倆從最初的環境整理、搬運雜物、拆除、清除雜草、修復木工、批土補牆……凡是可以自己完成的工作，都不假手他人，每天總有忙不完的事情。但是，也總是會有圍觀的親朋好友在旁品頭論足，大部分人看了之後，都會苦笑搖頭說：「唉！唉！年輕人不要做這種傻事啦！無論是資金、技術或者是效益評估，都應該把院子全部拆除重建，因為它實在太破太舊了！」

愈多人不看好，愈能激起我前進的動力。無論成功或者失敗，「追求」兩字有多美，你必須親自去嘗試。

等到那些人各自離去，表哥總會適度的安慰我：「要知道，如果把院子全部拆除重建，就沒有意義了。」我想，這是台灣的百年文化，拆除重建也許有機會設計出更現代、更舒適、更豪華的飯店或旅館，但是卻永遠無法重現百年歲月所遺留下的昔日風華。

因為沒有家族的支持，也沒有任何資金的援助，我們開始接洽許多銀行的經理，請他們親自來訪探視。幾乎每個來訪的

經理都認為，這樣的想法太過於「天真」。不過，我們始終沒有放棄，還是不斷告訴自己：「或許，再試試下一家銀行吧！」上山四個多月後，終於找到一位經理，願意貸款給我們這兩個無可救藥的年輕人。我想，保持純真樂觀的態度，真的讓原本看似灰暗的人生，萌動起光明來。我只記得籌到資金那晚，兄弟倆在海拔八百公尺的山上歡悅了一整夜。

動工吧！

銀行的撥款資金，讓我們終於有了整建修屋的經費，同時卻也開始了負債的巨大壓力。我們必須分秒必爭，找尋工作夥伴一起上山修屋。

在這片過往曾充滿輝煌，卻又寂寥的土地上，似乎不斷透露著一種看盡繁華之後，讓生命再次昇華的領悟。我們心裡納悶，難道傳統文化與現實生活之間，永遠必須隔著一層無法跨越的界線？是否能讓每個人在傳統與現代的交有一種能夠解脫所有煩惱的特效藥，那就是專注。

界處，產生一種期待匯合的可能？或許只要我們願意試著讓新舊走向「延續融合」，就可能擦出完全不同的文化火花。

在這樣的初衷架構下，表哥決定以古蹟復原的方式，讓院子的外觀回到它的原貌，保留百年歲月的幽幽氣息；室內則是講究人性、舒適、美學的現代設計，中西合璧，新舊合一。然而卻有許多師傅持反對意見，他們依舊認為「傳統」與「現代」是無法完全相融共存的，甚至是背離的。我們堅持想法，並且不斷與大家溝通。最終，工程如火如荼的展開了。

每天早上八點到下午五點在院子工作的時光，是最令我深刻懷念的日子。早晨，表哥總是在院子前庭廣場，與大夥一起討論當天的工作事宜，然後分配工作。雖然傳統的古法建築技術已經漸漸失傳，但是我們也會嘗試新的方法，找出舊有的建材質感。比如說，我們不會把竹子重新編織起來，再抹上粗坑石灰補牆的技巧，但是我們把批土、石灰、白糙糊和在一起，也能達到近似的觸感與效果。

院子裡的每個人，好像都在期待院子完工那天的奇蹟出現。至今，我仍會不經意回想起，那時候大夥辛苦交織的淚水與汗水、空氣中充斥機器操作的轟轟聲響、音樂大聲播放著、彼此的對話、大雨中狼狽趕工……腦海中忙碌的畫面一格接著一格。這些畫面讓我看到一群人對於生活意義的專注，一種集合眾人之力的全力以赴，讓那段歲月沉澱成一種厚重綿長的記憶。

關於追尋，你需要的是……

1 要忙著**了解真正的自己**，而非忙著追逐別人的夢想。

2 為了追尋1件自己這輩子最喜歡的理想，必須**克服99件最不喜歡的考驗**。

3 花時間煩惱沮喪尚未發生的事情，這樣的報酬率一點都不吸引人。

4 謝謝那些在你追尋夢想的過程中，不看好你的朋友。正因他們，你別無選擇、心無旁騖，只能一磚一瓦打造自己心目中的烏托邦，分秒扎實練習。人生任何時刻，都要有**把冷言冷語轉化為金玉良言**的包容與智慧。

5 當別人疲倦，你比別人堅強一點；當別人悲觀，你比別人正面一點；當別人抱怨，你比別人積極一點；當別人放棄，你比別人堅持一點。**比別人多一點**，未來必有巨大的差別，**看見更寬廣的世界**。

父親，母親

父母親所給予我們
生活上的快樂美好
自始至終
都存在我的記憶中

現實與理想的衝擊，從施工那天起，便嚴峻的考驗著我們。縱使我們持續不斷、日復一日的勞心費力工作，古蹟復原的難度卻遠超乎我們預期。無論是新舊建材的交替與施工技術的瓶頸，工程進度落後與龐大經費的支出，都是我們體力與精神上的艱苦考驗。然而，漫長的等待與無法預期的未來，更讓人疲倦煎熬。

我記得，在施工過程中，表哥原本計劃把院子某部分舊牆敲毀。然而，他卻覺得這座老宅，似乎透露出不願讓他這樣做的信息，過了好長一段與老宅彼此「僵持不下」的時間，所有事情甚至因此耽擱而導致工作進度嚴重落後。施工過程中又遇上颱風肆虐，工人從屋頂摔落受傷，災難接踵而來。有一陣子，好似每天都纏綁在不安惶恐的生活中。

但是，也許是夢想，也許是理念，也許，是一種對保存台灣傳統文化的責任與義務，我們依然像傻子般，咬緊牙根，堅持下去。

把難題變成培養能力的養分，眼前的難題，就會成為我們生活的導師。

呵護

山上夏日的溫度燥熱難熬，令人苦不堪言。不過，讓我上山尋夢的雨露，總是蘊藏在父母親關愛的眼神裡。我常告訴自己：「在這世上應該少有父母可以容忍並且支持孩子的所作所為到這般地步了。」尤其是我親愛的母親，她自始至終竭盡心力的付予我們在山上全部的關愛與協助。

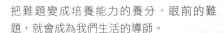

沒經費了，她替我們煩惱；石板少了，她替我們四處找尋；人手不夠了，她替我們探聽詢問；肚子餓了，她替我們準備最豐盛的美食；喜悅了，她與我們分享；沮喪了，她與我們分擔。縱使我們懷有再多夢幻、高尚的理想與抱負，在母親眼裡，我們永遠是需要照顧的孩子。至今，我的母親，彷彿是我在山中生活的一盞明燈。這盞明燈，總是能夠讓我在山中遼闊的深夜裡，安穩的在她懷裡被呵護著，讓我知道身處浩大的山林間，自己仍是被關愛著的。

修復古宅龐大複雜的工作，隨著漫長時間的互煎互熬，衝撞消耗。我的父親，也加入我們修復古老廢墟的工作。父親一向享受山林，因為早已習慣山中生活，在古宅修復過程中，舉凡整坡建地、尋找水源、管路動線的流向、施工考量、植樹的照料……這些經常讓我們一籌莫展的工作，他總是習慣親力親為。

有好幾次，我有機會與父親「並肩作戰」，但總是因為對鋤頭運用的不熟練，或者對於水電複雜管路的不擅變通，而惹來父親嚴厲的苛責。在他眼中，山上生活使用的所有器具，男人理應要跟拿筷子吃飯一樣順手；男人要有能以天地為家、不怕吃苦的情懷，才能真正算是瀟灑自在。父子一起工作的過程中，我經常被他罵得狼狽不堪。不過，我還是深深覺得，每天在工地裡聽見父親那種爽朗不羈的笑聲，迴盪在綿亙不絕的大山之中，是我人生中最美好與最快樂的時光。我永遠懷念。

每一天，總是聽著躲在濃蔭裡的蟬鳴嘹喨不斷，滿山作響。在山上過了好幾個月，我突然發覺，以前那種再熟悉不過的都市生活，成為了既久違又陌生的懷念。當時的我，更想牢牢記住在山上這種毫不吝惜、全心全力、徹底揮

我瞪大了眼睛，啞口無言站立著，霎時的氛圍有如時間瞬間靜止般沉重，病床上大片鮮血，好像要把這裡所有的一切終結。我看著醫護人員急忙把父親推往加護病房，離我們遠去。那種驚愕絕望的景象，足以把自己的人生，徹底撕裂到無以名之的椎心痛徹。那樣殘缺的景象，或許會成為我一輩子都無法療癒沖淡的遺憾。

無盡的等待

深夜在加護病房外的漫長等候，令人悽涼無助。凌晨一時許，醫師從病房走出來，告訴我們：「你父親很可能過不了今晚，必須有心理準備，情況非常不樂觀。敗血症引起全身器官衰竭，洗腎了，也導入了尿管跟鼻胃管，腦神經與視覺神經都受損。建議你們放棄積極治療，讓父親這樣離開，減少父親在日後治療過程中所需承受的疼痛煎熬，也減輕大家日後照護與經濟上的沉重負擔。」

如此悲痛的噩耗，原本故作堅強的情緒完完全全不堪一擊，所有親人都難過至極、淚流滿面。母親幾乎放盡氣力不斷呼天喊地的哭嚎，乞天求地的哀憐，盼望上天施捨我們那麼一點微弱不過的奇蹟。表哥強忍著眼淚喃喃自語：「為什麼事情會演變成這樣？明明可以在醫院救許多人，為何自己親人的生命卻無法挽回……」

就在大家不知如何是好、生命最覺得沮喪的時刻，母親與我，仍不願意就此放手。只要父親一口氣在，一切就還有機會！當下仍決定繼續積極搶救父親。醫生再次慎重告訴我們，這在日後對於一個家庭來說，將會是非常沉重的負擔。父母親所給予我們生活上的快樂美好，自始至終都存在記憶中。而我，是否能夠撐過這個人生無常的襲擊跟衝撞？

在最艱困無助的時候，只有堅強，其他都是多餘。

思緒混亂，但我確信一件事情，就是無論情況多麼不堪，我都必須救我的父親。縱使，他失去了記憶；縱使，他看不見；縱使，他聽不著；縱使，他無法言語行動；縱使，他必須洗腎度日，我們都必須永遠陪伴在他身邊。

醫師了解我們的立場之後，立即到加護病房，開始為父親進行第二階段的積極搶救。過了好長一段時間，我們終於可以到病房探視父親。他全身插滿了管子，五官身體腫脹得讓我們難以辨識。為了讓血管恢復彈性，如常維持血液循環，因此必須在他身體裡注入大量的生理食鹽水。如此沉重的哀傷，壓得我們無法喘息。

自那一天起，我們在醫院照顧父親將近兩個月之久，一天兩次與父親會面，成了身心的煎熬。而其他時間，我們都到醫院附近的廟宇教堂，祈求神明上帝庇祐他早日康復，我們盼望奇蹟。生命的脆弱與無常，彷彿瀰漫在每天寂靜的深夜中，重複在我們難以言表的疲憊裡。我不知道在滿地的絕望中，是否，還有些微期盼，能夠引領我們擁有繼續向前的勇氣。

渾沌又漫長的一個多月，在守著加護病房時悄悄過去了。根據醫師觀察，父親雖然尚無意識，不過病情漸轉穩定，我們終於掙脫了死神對父親的召喚，轉到普通病房。雖然，在普通病房裡稍微減緩了加護病房中的不安與焦慮，然而我們卻完全沒有任何的喜悅，苦難的歲月無情的纏捆著我們，也纏捆著父親，纏捆著我們全家人。

沉睡的父親

當生活的一切都停留下來，我似乎只能選擇承受，並且適應在靜默中，慢慢成了一個多愁善感的人。在普通病房的日子一天又一天過去，父親仍然沒有任何意識。那些為了維繫生命而插在身上的導管，一根也沒少。護理師擔心他無意識的動作會拉扯導管，因此用醫療紗布把父親的手腳綁住。長期下來，父親的四肢因為被紗布捆綁時間過長，不只頭皮發炎潰爛，皮膚也開始有腫脹化膿的現象。

某天深夜，昏迷中的父親身體不停擾動焦躁，我不斷為他拭去早已被汗水浸濕的額頭。一邊擦拭，一邊默默的流淚。母親背對著我，坐在床邊吞聲哭泣，她的肩膀抽搐著，強忍著哀怨。我伸出手，想把那些捆綁父親手腳的紗布鬆開。可能是因為拆布動作驚擾了他，沒想到他竟張開了口要咬我的手臂，我瞬間閃開，怔怔看著這個已經完全不認得我的陌生人。

我悲痛的想著：「就讓我為您分擔一點點生命的無常與折磨也好。」直到父親放盡氣力，累昏了過去。我不知道這無休無止的災難，將延續到何時才會停止。至今，偶爾，在深夜裡，那種隱約又清晰的感觸，仍刻骨銘心。

在普通病房住了兩個禮拜之後，醫院通知我們可以準備出院了。我驚訝的詢問醫師：「父親已經是接近沒有意識的植物人，又需要洗腎，我們回到山上，該如何照顧？」醫師無奈的告訴我，父親似乎已經回復到最好的狀態了。我們無法分辨醫師所說的話，母親聽了之後又哭了，甚至連放聲哭泣的力氣都沒有，淚水不斷滑落。

隔日，我們辦理出院，返回山上的途中，我望著車窗外面，彷彿是離開人生囚牢又重見了陽光。外面城市的繁華與喧擾，一如以往，路上車水馬龍，人群如織，我羡慕街道上準備上班的行人的笑臉。如今付出極大代價的我們，是否出了院往事就此如過往雲煙。在車上，我畏懼著，愁容著，我試著在回家的路上忍住淚水，靜靜看著身旁沉沉入睡的父親。對不起，我還是無法忍住情緒。

跨越生命的傷痕

終於，到家了。山巒間飄來的空氣，一種久違又熟悉的氣息，卻瀰漫著人事全非的氛圍。大家帶著疲倦不堪的心情與身體，試圖靜靜磨合面對未來所參雜的情感。當天晚上，表哥突然問我：「還要繼續留在山上嗎？」

一聽，我的眼淚立即在眼眶裡打轉，我真的無法放棄就這麼下山！我告訴自己要把悲痛淡化，要把災難平撫，我要竭盡所有心力，跨越這道又深又長的生命傷痕。我眼眶泛紅，告訴表哥：「如果，我們就這樣子下山，山上發生過的一切會是我人生最大的遺憾。」我們只有把夢想延續下去，繼續構築這個歸巢，讓生活回歸正軌屹立下去，才能面對自己。

表哥感受到了我的想法，於是，我們開始陸續聯繫院子的工作夥伴。幾天後，我們在院子裡，似乎又找回了當初那熟悉的氣息，醞釀了當初的勇氣。原本的我們彷彿已經遠離了院子好遠，終於，又繞了回來。

自醫院回來之後，我們全心全意的將院子修復完工。我經常在天還未亮時，就起床到現場工作，晚上回到家裡，與表哥繼續窩在狹小的工作室直到深夜。一千多根台電枕木在我們從未間斷的敲打鋸刨下，成為院子裡一張張量身打造的家具桌椅。直到完成院子最後一件廚房的大型流理台家具後，身體早已筋疲力竭、傷痕累累，不過，我們臉上卻難得散發出一絲絲的豪邁與驕傲笑容。那晚，真的好美。

回想起回到山上繼續工作的那段時間，應該是我最艱苦茫然的日子。白天，我跟著表哥修復院子；傍晚，陪伴承受病痛折騰的父親。我們試著喚起他過往的記憶，為他氣切的喉嚨抽痰，為他按摩復健，也為他求神問卜⋯⋯。只是，最後喚回的，都是父親在生命邊緣的沉默與痲木。

最美的天堂光影

日子一天天過去，在這樣無可奈何的來去之間。某天夜裡，父親、母親與我一起在客廳裡，一直安靜得令人心疼的父親，原本沒有任何異狀，突然彎起身子微微顫動，接著使力大喊：「培鈞！」父親哭喊出來的瞬間，我們完全無法相信眼前所發生的神蹟！我當下回神大叫：「媽媽！爸爸看見了！」「媽媽！爸爸有記憶了！」我激動的叫喊著，熱淚盈眶，母親難過又高興，也泣不成聲，三人相擁而泣。就在那沒有星光的夜晚，那一刻，是我一生感受過最美麗的天堂光影。

慢慢的，父親一點一滴勾起過去遙遠的記憶，開始撩起了片面的過往，拼湊出家中殘缺的畫面。父親身上的導管，也在每次回診時逐一拔除。出院半年之後，醫生告訴我：「培鈞，太好了！你父親復原情況非常良好，這次檢驗報告出來，他不必再洗腎了！能恢復到如此，真是奇蹟啊！」我們完全不敢置信！跟醫生深深道謝之後，我的眼淚再也止不住，看著也在流淚的母親，這才發現，原來歲月的線條與形態，已靜悄悄的爬上母親蒼涼的臉龐。

一晃眼，一年時光過去了，父親漸漸的康復，院子也終於平靜完工。或許是整個過程耗盡了眾人的氣力，院子完工之後，大家並無多餘的喜悅與歡樂，彷彿只是輕輕的、隱隱的，將院子落成在這人世之間。就在結束所有工作的那天夜晚，我與表哥兩人坐在這座百年院子的前庭廣場，看著這片古老的土地，從一開始的大荒蕪延續到了今日的大夢想，總覺得過去這裡所發生的一切，如此的遙遠，也如此的清晰。表哥告訴我：「這座百年三合院，坐落於海拔八百公尺的山上，有如坐落雲端，就把它取名為『天空的院子』，要記得院子的初衷。」啊！原來，人生繞了一圈，終究可以繞回生命的最終歸屬。

堅持

有房客入住時
壓力大到很崩潰
沒有房客來住
也很令人崩潰

「天空的院子」完工開幕之後，表哥也回醫院工作了。少了表哥的院子，總覺得靜悄悄的，靜得有些冷落，靜得好空虛。

在這之前從未有任何工作經驗的我，必須獨自負責這座占地八百多坪古老莊園的營運與大小事宜，從除草園藝、水電維護、房務清潔、接待旅者、架設網站、撰寫文案、財務會計……全部一手包辦。對於當時的我而言，「經營院子」實在是嚴峻艱辛的苦役。

三個月過去了，再怎麼絞盡腦汁，再如何刻苦勤奮，卻僅能用「慘澹度日」來形容。因為積欠銀行繳息無法正常，終於，銀行發出了最後通牒，若是再無法在期限內清償債務，「天空的院子」將面臨銀行查封拍賣的可能。

那時我警悟到，在「理想抱負」、「現實周旋」間的衝擊，心中經常出現尖銳的矛盾，以及面臨無法調和的兩難窘境。

獨挑大梁

在房客於十一點退房後，我總是獨自一人戰戰兢兢的整理每一個房間，快速的替換床單被單、用吸塵器吸地、拖地、收垃圾，從早上十一點一直清掃到下午三點四十五分。總是在渾身大汗淋漓，工作告一個階段，準備坐下來吃中飯時，我的手機就響了：

「管家你好，我是今天的房客，提早十五分鐘到，現在就在門口，麻煩你開門。」

「不好意思，麻煩等我三分鐘，我馬上為您開門。」

說完，我把身旁幾個大垃圾袋往臥室裡扔，洗了個三十秒的冷水澡，趕快換上管家制服衝去開門，然後以最優雅的姿態服務每一位客人，彷彿任何困難都沒發生過。

有房客住房的時候，壓力大到很崩潰；沒有房客來住，又擔心倒閉，也很想崩潰。無論有客人或沒客人，我都處於隨時會崩潰的邊緣。那時我如果說

NO，停止「天空的院子」的經營，我就解脫了，但是我沒有！

之所以這麼專注的經營，那是因為這正是我想做的事。

我不應該擔心社會紛擾，不應該害怕景氣不好，而是要為自己真心信仰的事情全力以赴才是。我只能在一次又一次的體力與壓力極限中，不斷鼓舞自己、與自己的內心對話。對於面臨充滿艱辛考驗的過程，我從未想過放棄，擁有的只是一心想著如何克服度過。我也相信，唯有更勤奮努力的投入，才能找到自己在社會存在的價值。

「院子」開始營業的頭幾個月，生意非常慘澹，一個月要繳六萬元的本金利息，還款壓力異常沉重。如果遇到經營不樂觀，也許代表過去的策略不夠準確，於是我調整方法，實際計算究竟要賣多少房間？跑多少業務？然後把市場從無到有建立起來才是。

「天空的院子」有六個房間，客滿能有三萬元收入。因此我規劃，如果一個月需繳六萬元貸款，每個月只要客滿兩次，也就是賣出十二個房間，就能安全度過。一個月只要賣出十二個房間就可以過關，與積欠銀行上千萬負債的沉重壓力，這兩者其實是同一件事，但思維方式卻差異非常大。想法一轉換，我當然選擇不放棄，繼續努力！整個思考邏輯過程，只用了簡單的加減乘除。諷刺的是，我們都學過如何開根號、三角函數……我們最大的問題在於學得太多，可是缺乏靈活運用在現實生活中解決問題的能力。接著我把拜訪客戶的成功率算一成，一個月要賣出十二個房間，等於要拜訪一百二十間企業。而且員工二十人以上的企業，才有包棟的能力。

客人在哪裡？

晚上，我寫信給各個企業的老闆，問他們能不能見我一面。白天則是到竹山、草屯、斗六等地跑業務，只要哪個老闆願意見我，我就向他們介紹我的

創業過程中最不可或缺的，是讓營運的資金與團隊的信心持續成長。

民宿。過程中，客人當然會以最嚴格的要求讓我難堪，再加上我的業務經驗生澀，經常介紹到一半就被轟出門。

「介紹一下你們的餐點。」A老闆問。

「我們提供廚房設備，讓你們自己煮，享受親自炊食的鄉間野趣。」我說。

「要我自己煮飯？你在開什麼玩笑！」

「我樂意拿出三萬元包棟，支助年輕人的夢想。不過，你們有提供麻將嗎？」B老闆問。

「沒有。麻將可以在家打，既然到了山上，何不把握機會，享受和家人相處的時光。」我搬出自以為完美的台詞。

「有沒有卡拉OK？」

「沒有卡拉OK，但你可以聽聽鳥囀蟲鳴，看看雲海和日出，洗滌心靈。」

「我的心靈需要麻將和卡拉OK，等你裝了卡拉OK再來找我。」

「房間有沒有電視和網路？」C老闆問。

「都沒有。難得全家一起上山，不妨離開電視，好好享受大自然的風光。」

「沒電視……那附近有景點嗎？」

「『天空的院子』本身就是可以停留的最好景點。」

「沒電視又沒景點，整天就待在一間老房子裡，為什麼我不去鄉下住就好，還大老遠開車到你的民宿！」C老闆震怒拍桌，我當場嚇得落荒而逃，即使跑出了辦公室大門，心臟仍然不聽使喚的狂跳，耳邊淨是咚咚咚的心跳聲。

轉念，危機變轉機

就在某個風雨交加的夜裡，雨勢愈下愈猛，整個村莊彷彿在暴雨中柔弱的顫抖著。我看著窗外，聽著冷風颼颼，心中頻頻自問，究竟應該怎麼做，才能夠繼續走下去？究竟應該怎麼做，才是正確的？如果繼續跑業務，每位老闆都刁難相同的問題，這樣下去只會讓我的自信心崩潰。我應該把老闆的需

真正的市場，來自客戶的需求。

求，轉化成民宿經營調整的方向，或許我還有機會藉此成長。

大家雖然住在民宿，晚上難免還是想看電視，可能是擔心無聊乏味，也可能是不知如何自處。於是，我在「天空的院子」網頁上公告：晚上八點到九點，院子廣場有一場露天星光電影院。我買了單槍投影機、布幕，以及懸吊喇叭。且幾乎每天晚上，我都在院子廣場跟客人分享理念。從一開始的木訥、不知所云，透過每天晚上大量練習，分享一百場次、一千場次、一萬場次，應該就可以駕輕就熟！

餐點部分，要出門旅遊的人自己準備，確實有相當的難度。加上山上食材取得不易，於是我經常拜託母親幫忙準備餐點，送到民宿讓客人享用。現代人出門觀光都要景點，沒有景點的社區，要如何吸引遊客？因此我幫山間風景優美的小徑取了名字，成為我自己的私房景點，讓更多人來體驗。

在這樣的發展過程中，我發現，真正的市場其實來自客戶的需求。我們只要持續保持熱誠與客人互動，了解他們的需求，即使客人用尖酸刻薄的話語來挑剔，讓我們難堪、刺到我們心坎裡，我們仍然願意了解並調整策略，市場就出現了！

於是，在我逐漸累積經驗，並仔細構思經營方式之後，我開始思考，沒有任何資源的我們，應該先找到正確的傳遞媒介才是。於是，我整理民宿資料、寫文案、準備照片影音光碟，將「天空的院子」推薦給台灣文化機構，介紹給許多文化團體。我心想，無論如何，千萬不能再讓「天空的院子」深藏在這座孤山裡。

音樂與古宅的相遇

不久之後，「天空的院子」有了一個轉變的契機。南投縣政府文化局承辦人員致電告訴我們，國際知名的加拿大環保音樂家馬修·連恩即將蒞臨「天空的院子」，我感受到無與倫比的狂喜。馬修·連恩接受南投縣政府文化局邀約，在日月潭巡迴演出。傍晚表演結束之後，由文化局長親自陪同馬修與隨行演出人員，初次到訪我們兄弟倆的山中夢想國度。

沒想到，大家與古老院子所散發出的文化歲月氛圍，是如此的契合，尤其是馬修，他對於台灣傳統文化更是充滿濃厚的興趣。我細細為每位客人敘述，當時我們兄弟倆是如何歷盡艱辛，與百年廢墟一同走向新舊融合的全新面貌。大家聽了，滿心珍惜與感恩。

第二天晴朗的清晨，天邊灑落微微晨光，蟲鳴鳥叫參雜各種腔調默契十足的搭配，任憑風的自由來去，營造出一種悠悠揚揚的豐富旋律。瞬間，大家彷彿感受到天地的包容。只見馬修與音樂夥伴隨手拿起了樂器，一脈溫情的演奏起來，當

下，如魔法般的音樂竄入了「天空的院子」每個角落，我坐在一旁，出神的聆聽欣賞，心靈被美妙沁人的音符融合寧定。

隔日一早，我們與馬修一行人依依不捨的互道別離。幾個月後，當馬修再次來到中部演出，大夥居然決定再次上山投宿，我心底高興的驚呼著。這次見面，似乎有種朦朧又熟悉的氣息，好似久違的老友又上山重逢。

火花

那天夜裡，對音樂熱中執著的宙斯愛樂管弦樂團歐聽陽大哥告訴我，「天空的院子」讓他產生了音樂創作的靈感。他們邀請了馬修·連恩，希望可以與「天空的院子」合作一張客家古典音樂同名專輯。以傳統懷舊歌曲融入新古典樂器，避免使用過多機器混音，把「天空的院子」的初衷引領到音樂領域上，與更多人分享。我們非常欣喜的期待這張專輯問世。

「天空的院子」同名專輯耗時一年，費盡心力才錄製完成，並且，專輯入圍了那年金曲獎的最佳客家古典音樂獎項。所有參與專輯錄製的音樂家，在我們離別一年之後，帶著這張入圍金曲獎的古典專輯再次上山，他們終於把「天空的院子」送到了「天空的院子」裡。

在古典音樂與百年古宅相遇的瞬間，我終於看見這座過去一直沉淪在山中，被天地默默滋養的古老廢墟，藉由這張同名專輯的音樂旋律，撫平了許多旅客的心。從廢墟誕生了夢想，產生了勇氣，衍生了情感，更激發出了新的生命火花。

天空的院子
官網

翻轉人生心法1：態度

人生難免遇上低潮、挫折、泥淖，該怎麼辦呢？

態度，是距離成功最近的地方。

我們往往因為懂得太多，想得太雜，想要完美而顧慮更多，反而讓自己進退不得。如果我們把複雜的當下，想得很簡單，專注在當下，反而能夠快樂且令人羨慕的活著。

你要告訴自己：

1 生活不可能適應你，唯一能做的，就是**你要適應生活**！

2 **調整態度**，就能幫助你走出人生的泥淖。

3 遇到困難，要**積極面對**。

4 做**最壞的打算**，但要**最樂觀的期待**。

5 努力**專注當下**，用最積極樂觀的態度去應對，未來就有機會更好。

照著心底的熱情去走！

我們要整修出一座
溫暖的古老建築
這是我的夢
也是表哥的夢
更是我們這個世代的夢

第一次與電視媒體有深刻的交集，是在「天空的院子」營業了半年左右，我們受邀到由吳念真導演在公視主持的一個訪談性節目「這些人，那些人」。接到製作單位來電通知，希望我們北上受訪的那一刻，我腦海中一片空白，真不知該緊張或者欣喜，只是仍然不敢置信，竟會有電視節目願意採訪這座曾經湮沒荒山的百年古宅。

錄影那天表哥需在醫院值班，我只好前一天就大著膽子一人北上。我像一位即將遠行的旅者，謹慎的把夢想牢攏在身上，心底肅穆的出走到北部大城。錄影當天，台北天氣陰灰飄雨，少了表哥陪伴，心中難免孤單。為了不讓自己膽怯，只好不斷喃喃鼓勵自己。

抵達公視攝影棚時，所有工作人員都戰戰兢兢的忙碌準備。見到吳念真導演之後，我立即感受到他本人所散發的純真性情。因為錄影工作實在非常緊湊，我得試著馬上融入大夥的工作情境，從上妝、上麥克風、錄影中須注意的細節……「好！準備！五、四、三、二、一、開始！」整個節目完全沒有事先演練或者彩排，三個小時的錄影過程中，我原本一直懷著忐忑不安的心緒，不過，在導演豐富的經驗與細膩情感牽引下，讓我有了重溫舊夢的生命體驗。

節目順利播出，出乎意料之外的，「天空的院子」因此收到了好多觀眾的迴響與鼓勵。這真是令人振奮，也是我們天大的福分！於是，開始有更多電視台、雜誌媒體邀約與採訪。我除了驚訝台灣媒體的效應外，也肯定自己所投入的努力，是對社會有正面鼓勵與意義的事情。「天空的院子」不再只是一間民宿，而是能夠成為社會價值的資產。

建築師的堅持

當初我要修復深山裡的百年古宅，表哥也決定暫時離開醫院共同參與，所有家族長輩都認為我們太荒唐，大多數人無法接受這樣的決定，媽媽卻猶如一棵大樹在前頭迎風擋雨，為了支持我的夢想，承受了所有長輩的責難。

「妳就是寵小孩！」外公不認同媽媽。「妳讓那兩個孩子想什麼就做什麼，後果妳能負責嗎！」連舅舅也無法諒解。

媽媽就是媽媽。雖然那段時間從來不說一句，但是我們都能感受到她肩頭沉重無比的壓力。

院子的設計理念不同於一般民宿，不但要保留傳統建築的面貌，還必須兼顧隔音和冬暖夏涼的優點。表哥為此經常茶飯無味、夜裡輾轉反側、絞盡腦汁。我們要整修出一座能讓最多人感受到溫暖的古老建築，這是我的夢，也是他的夢，更是我們這個世代的夢。

「鼓勵」是人生中最容易流通的財富，試圖讓自己不斷鼓勵他人，並讓他人獲得財富。

當表哥在深夜完成建築設計草稿時，顧不得還是半夜，立刻興奮的打電話給我媽：「姑姑，我設計出全台灣最美的民宿了！」表哥結合地理位置，並且考量風向日照，設計出讓房間不裝電風扇和冷氣也能冬暖夏涼的格局。為了解決古厝隔音不好的問題，最後只隔出六個房間，如此，臥室和臥室之間以客廳拉開距離，才能避免客人一打噴嚏，隔壁房就聽得到的窘境。表哥深知他的設計與決定，必須禁得起往後至少數十年的時間考驗。

當時，媽媽是唯一支持我們的人。表哥的那通電話就像一道曙光，讓我們在沉滯的黑夜裡獲得片刻的解脫，稍稍得以喘息。

我對建築一竅不通，像個小跟班尾隨表哥身後，專心處理他交代的事務。無論是建材的挑選、採光和動線配置，整個古宅的修復都在表哥的掌控之中。前期一切都很順利，直到表哥遇到一件難題，整個人陷入嚴重的低潮，他遲遲無法做決定，工程進度也因而延宕。

順境時需謹慎謙虛，逆境下要樂觀積極。

三合院有六個房間，其中相連的兩房要做出隔間，而大門進入的空間深度不足，於是中間必須做出一面牆。如果做成平牆，可以爭取較大空間，但是客人一進房，會因平牆而感受到壓迫；如果做成內縮的弧牆，雖然解除了壓迫感，但是整個三合院並沒有其他弧形線條，難以想像這道牆是否會成為突兀的存在。這個問題猶如不停迴轉的漩渦，一次又一次耗費表哥所有心力。他鎮日耗在宅內，試圖與這難題相處，我記得他說：「我們要願意在最困難的問題上，花最多時間，這樣才有辦法產生實質的改變。」

建築師對於線條的感受極其敏銳，些微的線條改變，都會引發視覺上無法忽略的爆破。如果不處理這些細節上的紊亂，好不容易苦心經營的美感，就會碎為滿目瘡痍，變成一生專業裡的汙點。直到某日，表哥終於脫出漩渦，設計出不讓弧牆變得突兀的工法，拖延許久的進度才終於復工。那一刻，表哥彷彿蒼老了好幾歲，難以想像那段時日裡，他的腦中究竟如何與困難相處？我想這或許是一種經歷過人生的世故吧！

有次，在炎熱的午後，蓋院子屋瓦的老師傅忽然從屋頂梁上摔落地面，生鏽的鐵釘刺入身體，骨頭也摔裂了。我頓時手足無措，表哥趕忙在現場做了緊急處置，然後開車載師傅到秀傳醫院急救。看著全神貫注開車的表哥，那道堅毅不容過程有任何閃失的眼神，似乎又回到那位在開刀房裡的急救醫生，連絲毫慌亂也容不下，滿心只有救人的念頭，因為這不只是一條人命，更攸關一個家庭的命運。

無悔的逐夢人生

蛻變中的百年老宅，重建過程其實並不順遂，也曾發生過工人扛著梁柱，一個不小心的轉身，柱子刺入後方工人眼睛等意外。種種波折都讓我們心力交瘁，不過我們一關一關的挺過來了，唯有父親的意外讓我和家庭付出慘痛的代價，表哥更是承受了家族的責難。

「就是指望以後家裡出事有你來救，你奶奶就這樣走了才希望你當醫生……」外公的話言猶在耳。身為家族長孫與唯一的醫生，表哥深感辜負了長輩的期待，姑丈出事自己卻束手無策，更讓他悔恨不已。當醫生宣布父親病危的消息，急診室外，表哥的眼眶都紅了。從小他就常住我家，和我爸媽感情融洽，我們兩人比親兄弟還親，這是我第一次見到他如此脆弱。

人生有美麗的風景，也有苦澀不堪的回憶，一路上我們互相鼓勵，並肩走過連番風雨。當院子竣工那一天，他拍著我的肩膀說，「我已經完成了兒時的夢想，未來的經營，希望可以有人記得這個地方就好。」

「天空的院子」完工後，表哥回去當醫生，十年來從未過問我的經營狀況，也不理會賺錢賠錢。他做到他想做的，把自小以來的建築之夢畢其功於一役。「天空的院子」之後，表哥再也沒蓋過其他房子，我可惜他的天賦，也曾好奇的探問原因。

「我沒有把握再做出院子那般的建築，而且——」表哥的眼神澄澈，彷彿由海拔八百公尺向上望去的遼闊藍天，「院子用盡我一生的力氣，我這一生沒有遺憾了。」

雲遊四海的浪人

偶爾，因為思念，我打電話給表哥，卻常常沒人接，後來才知道他出國了。現在，表哥在醫院裡擔任急診外科醫生，彈性排班讓他有更多時間體驗各地，彷彿雲遊四海的浪人，飄流在美妙的建築世界裡。

有天我的手機響了，是表哥來電！

「你在幹嘛？」他問。

「在7-11看書。」我說。

「我前陣子住了台南幾間老房子的民宿，覺得『天空的院子』即使過了十年，仍然保有一股在古典中的美感優雅意境。」

「因為，那是一座放眼望去就有十年眼光的建築。」我說。

這是我的肺腑之言，「天空的院子」讓我看見一個年輕人對建築天分很自然的流露與表達。

還記得表哥第一次上急診室，被病人嚇得慌了，遲遲處理不好傷勢。他半夜打電話給我，微顫的聲音驚魂未定，「我剛剛差點兒把人弄死……」我深感震驚。醫生是救人的，表哥卻因為差點救不了人，而覺得自己會把人害死？

如果，我們願意給這位極具建築天分的年輕人鼓勵，讓他努力他最熱愛的事情，未來，我想他一定可以考上建築系、當上建築師，為台灣社會蓋出很多很好的房子。

翻轉人生心法2：尋找自己的信念與價值

人生不是只能被既有的社會情境套住，如果不想進入現有的體制，就要活出自己想要的生存方式！我一直相信，只要找到自己對人生的信念，它就可以引領你持續前進，最後長出一片事業。

上大學以後，你發現自己的未來，不再只是家庭、學校和社會為你安排的道路，你要開始問自己幾個問題：

1 我學習是為了什麼？

2 我工作是為了什麼？

3 我的學習、工作與社會之間的價值為何？

我學習是為了什麼？學習不是為了出社會有文憑可以找到工作，而是為了建構解決社會問題的能力、為了讓社會變得更好而學習。因此你要想：除了課堂所學外，你需要再增加哪些能力？要再多做哪些學習？

我的工作是為了什麼？我們進入社會努力工作，只是為了掙一份薪水，圖自己和家人的溫飽嗎？還是為了讓社會更美好？這份工作賦予我的意義，是我對社會可以做出哪些貢獻？

我的學習、工作與社會之間的價值為何？「如果你每天上課，只想要下課，那你就上錯課了；如果你每天上班，卻只想要下班，那你就上錯班了。」人生如此短暫，何必過著勉強痛苦的日子？既然做了不合適的選擇，為何還要硬撐？

人生真的都能如己所願嗎？我覺得每個人的人生並非都能如此，但至少我們可以改變。如果你不喜歡當下的學習或工作，至少，你要先弄清楚自己喜歡的學習或工作是什麼？可以利用下課或下班後，努力尋找自己的理想，在社會中找到自己的定位，這才是負責任的人生。

從民宿到社區

民宿經營上了軌道
我們開始思考
跟社區一起把在地美好
呈現給旅客

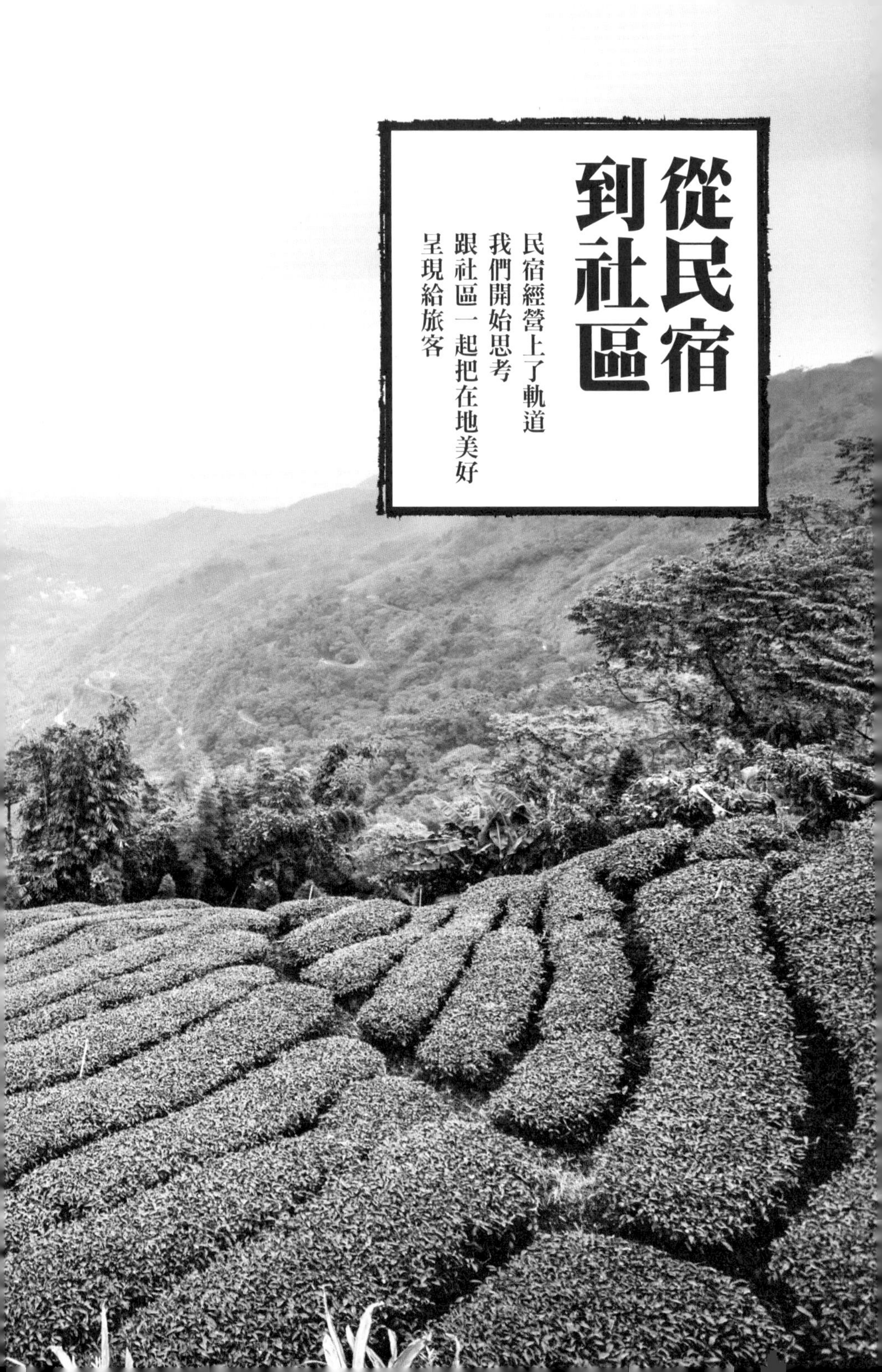

大鞍山城
風味餐廳

為了跟家人一起
快樂吃飯，才是人生
不斷奮鬥的理由呀

在各大媒體以及旅客朋友的熱情介紹之下，慢慢的，「天空的院子」開始轉為實質的穩定。歷經了一年的曲曲折折，終於，可以在山上繼續生活下去了。轉眼至今，上山這些年來的酸甜苦辣，心底確實興起了感嘆。一個海拔八百公尺的深山之中，我們構建、醞釀了一個讓傳統生命延續下去的夢想，讓夢想重新喚回古宅的氣韻，讓氣韻重新召來文化的延續，延續了你我相聚在這座古老廢墟，迸發出許多家人的歡笑與天地相依的和諧。

如今，每位遠道而來的旅客朋友，我深信，是因為你們一次又一次至情至性的鼓勵，才讓我們萌動起無比的勇氣，衝出現實殘酷的包圍。而這些用生命刻劃而成的一生記憶，永遠都會概括著你我的一點一滴。

民宿經營正式上了軌道，愈來愈多媒體採訪，愈來愈多旅客前來投宿，漸漸的，我們開始有餘力思考，除了一處民宿之外，我們需要在地的社區，一起把更多在地的美好與感動，呈現給旅客。

在一次與當地社區開會的場合裡，我結識了暨南大學的林吉郎老師。他的演說啟蒙了我，讓我知道，經營不能只關注自己，還得衡量團隊在發展過程中，對社會造成什麼正面影響？以及是否會對生活環境造成負面衝擊？如果每個人所做的事都能讓社區更好，那麼個體和社區也能共榮共存。於是，我開始思索自己能為社區做出什麼貢獻、社區裡有什麼資源，以及該如何讓旅客進入社區，使當地變得更加美好。

我想到，許多「天空的院子」的客人走完了林間小徑回來後，常會詢問山上有沒有其他地方可以吃飯？我認為這是一個機會，何不讓旅客在吃飯的過程中，參與支持當地的產業？於是，我們開始盤點在地閒置的場域與空間，希望先找到適合當餐廳的地點。

山上因為氣候濕涼、常被雲霧籠罩著，特別適合茶樹生長，以前茶產業非常興盛。可是隨著台灣產業外移、鄉鎮人口大量流失，因而逐漸沒落，昔日繁華景象不再。於是，我們承租一間閒置七年的廢棄製茶工廠，重新規劃，並

且將其美化、改裝為提供「天空的院子」旅客竹山在地食材的餐飲空間。除了供應風味餐點，也向客人敘說閒置工廠的故事，這也是當地產業變遷發展的歷史故事。下一步，就是設計菜單了。

一桌好菜的本事

我的幾位舅舅都有很好的成就，不是公務員，就是做生意或者從政，那是家裡刻意栽培的結果。媽媽在學校成績優異，但外公重男輕女的傳統觀念，仍決定只讓她念到國小畢業，剩下的時間就在家裡顧店、洗衣服和張羅三餐。每逢月考就是媽媽最憂心忡忡的時候，總是得起個大早到廚房看灶，火太小得添柴火，火太大米飯會焦掉。為了不讓外公因為飯沒煮好而發怒，她都坐在灶旁看火，一邊翻開課本溫習。

正因為傳統生活歷練出來的許多能力，練就媽媽在任何情況下幾乎都能煮出只要全力以赴認真投入，過程就不會白費。

一桌好菜的本事。我沒有烹飪的才能，也從不挑食，小時候總是媽媽煮什麼我就吃什麼。在沒有任何資源的情況下，「天空的院子」需要的風味餐點，我腦中浮現的只有媽媽的味道。

當我提出請媽媽設計菜單的請求，她顯然比我還要緊張。「要煮給客人吃喔！我真的得想想怎麼煮會更好吃。」

「用妳的拿手菜就好了。」我說。

「那，餐具不能像家裡的這麼簡陋，應該到水里蛇窯找陶燒的餐具，這樣才有質感，而且方便保溫，飯菜不會太快涼掉。」媽媽個性謹慎，就怕客人對她的餐點不滿意，所以她總是把每個細節都要求得盡善盡美。

因此，我和媽媽特地跑到水里去挑選。當時水里蛇窯正在開模量產手工的陶燒便當，觸感平滑溫潤，盒蓋上燒製了飄逸的書法字。媽媽一眼就看上這藝術品般的陶製便當，直說：「選這個，選這個好。」

望著裸露的陶燒便當，我不禁擔憂起如何包裝才能具備美感，送到客人面前？「用採茶花布手綁啊！小時候我們上學，都會把便當盒用布綁在身上，以前你阿公也是這樣帶便當到田裡，綁起來好看又方便手提。」媽媽直接提出建議！

我只會吃，想不出這些點子，多虧媽媽的主意，「天空的院子」才有這麼漂亮的便當。那時，媽媽好像又回到以前她有興趣的環境，做她喜歡的事情，我們一起試著克服很多困難，既是母子也像共同奮鬥的夥伴。

媽媽的味道

媽媽第一次做陶燒便當時，菜滿到便當差點兒裝不下，我不禁笑道：「飯菜的量會不會太多了？」

「客人專程上山住宿，住一晚還吃不飽，不僅會被人家笑，也對不起客人啊。」即使我向媽媽解釋現代人要吃巧不是吃飽，媽媽還是說得理直氣壯，有她自己的一套見解。

當客人一打開花布，見到陶燒便當飛躍的書法字，各個不禁眼睛一亮。掀開盒蓋，眼前滿是南瓜炒蛋、醬筍、炸排骨等家常菜，客人臉上的曲線變得柔和起來，沒想到在深山裡，也能嚐到這麼家常又溫馨的滋味。

每次我送餐回來，媽媽總會很緊張的迎上來，連珠炮似的追問：「客人打開便當的表情是怎樣、有沒有吃飽、醬筍會不會太鹹？」

「今天客人說，看到這一味就對了！」

聽完我的回答，媽媽才如釋重負的鬆了口氣。「天空的院子」餐飲經營的初期，每天探問客人的反應，變成了她生活的例行公事，就連緊張的表情也是。

「我特別弄了梅酒，自己釀的，如果客人喜歡，你送一壺上去給他們喝。」

媽媽有時就像居酒屋老闆娘，心血來潮時，不時會給客人一些意外的驚喜。

這樣的用心很快反應在意外的高人氣上，許多客人一吃完便當，就堅持要見我的媽媽。有的想問醬筍怎麼醃，山上生活日子要如何安排，尤其是大企業的老闆，特別想要找我媽媽談孩子的教養經驗。有時候禁不住客人的要求，隔天我只好親自帶隊，直接讓客人和媽媽一起暢所欲言。

「妳的地瓜球怎麼做的，為什麼能炸到皮脆餡軟？」幾個女客人圍著我媽交流。

「培鈞小時候會不會很叛逆？」不知為何，問八卦的旅客也不在少數。

跟家人一起快樂吃飯，才是人生不斷奮鬥的理由。

「妳都怎麼教小孩？」這一題幾乎是旅客必問的問題。

「妳是在什麼心態下，有勇氣讓孩子貸款在山裡舉債修屋？」

對於客人千奇百怪的問題，媽媽通常有問必答。客人轉過頭來問我：「媽媽記得這麼清楚，你怎麼都沒講？」

媽媽記性很好，我曾經認為，「天空的院子」晚上露天廣場的電影紀錄片，應該由媽媽主講，可能會更為貼切。其實，修築古宅過程中的很多往事我早已忘記，媽媽卻記得一清二楚，大概是因為她一直在旁邊守護陪伴著我們的緣故吧！

母子的課題

修復古宅的那段日子，我每天渾身沾滿灰塵和木屑，媽媽看我這麼辛苦，總是一直想過來幫忙打掃或搬東西。即使幫不上忙，她也會費盡心思張羅我們的餐點。當大家圍在一起吃著熱騰騰的便當，我才恍然大悟，原來跟家人一起快樂吃飯，才是人生不斷奮鬥的理由呀。

在餐廳的經營上，我以每份餐點兩百五十元的價格，請媽媽負責提供「天空的院子」每個月四、五百份的伙食。有時「天空的院子」舉辦活動，一天就需要一百多份餐點，媽媽忙不過來，就會請當地的阿姨一起幫忙製作。整個餐廳彷彿是她的小世界，指揮著眾阿姨在廚房奮戰。

「最近原物料漲價了，你要有加錢的心理準備。」媽媽要漲價了。我只好勉強微笑回應，「好啊，那妳也要合理，告訴我漲在哪裡。」

本來要一直照顧爸爸的她，在爸爸逐漸穩定復原之後，似乎也從經營餐廳找到了人生另一個重心。或許當我們退休，頓時會不知所措。不管到了幾歲，我們都要有被社會需要的價值。

持續虛心學習，不斷挑戰自己的思緒，不斷推翻自己的惰性，拚命在茫茫人海中，拿到夢想的入場券。

發現上網新樂趣

有天，媽媽忽然開口，叨叨絮絮的說：「這回的客人要住兩天，總不能每天都吃一樣的菜色，我待會兒到菜市場看看，有沒有不同的材料。換季也要考量節氣與食材搭配，差不多該更換菜色了。對了，我想買食譜，研究更多料理的做法。」

「網路上可以找到各種食譜，妳想不想學上網？」我說。

過去媽媽一向視電腦為畏途，以前我也教過她、叔公和一些親戚，他們不是興致缺缺就是中途放棄，彷彿學習上網是燙手山芋，避之唯恐不及。後來，我真的買了一台桌上型電腦放在家中，媽媽猶如發現了新大陸，

當工作遇見了問題，一定要先解決自己的壞情緒，免得把問題擴大，還需付出慘痛代價收拾。

不諳打字的她用一根指頭緩緩逐字打出關鍵詞，研究著一篇又一篇的食譜，一切只是為了以更優秀的菜色回饋客人的熱情。現在，她開始使用智慧型手機，LINE和Facebook都難不倒她，儼然是老一輩的3C達人了。

其實，每個人的內心都保有柔軟又堅定的力量。當你看見了一件事，而這件事的意義對於自己的影響是如此深邃，此時此刻，這件事情可能已經成為自己身上很重要的一部分。

某日，媽媽在廚房忙得不可開交，壓力與情緒即將滿漲到臨界點，就在她將要破口大罵時，我趕緊提醒她，「情緒要爆發的話，讓一切先安靜平復下來。壞情緒的當下，任何話語拋出來，都只會傷害對方，一點意義也沒有。」媽媽沉默了。事後有感而發：「你是我的小孩，反而是你提醒了我……真的覺得你長大了。」

偶爾，媽媽看到我在夥伴或員工面前受到委曲，她總會心疼的問我，為什麼不和對方爭論。

「沒關係。」我說。我指著旁邊坐在搖椅上，安安靜靜的外公，「有什麼好爭的？你看阿公九十歲了，一生不跟他人計較，才那麼長壽。」

從廚房開始，我把媽媽擅長的事融入了我工作環節的一部分，母子共同面對未來的課題，我們在彼此身上得到成長的養分，找出比之前更理想的相處關係。以前媽媽帶著我成長，現在我也引導媽媽成長，既是母子也是彼此的老師，大鞍山城的餐廳，默默拉近了我們之間的距離。

叮。LINE響了，是媽媽傳來的訊息。

「今天買的雞很大隻，肉我有另外留，可以煮稀飯，骨頭可以熬高湯……」

聯結過去與現在的大鞍古道

除了有舒適的處所
可以享受美食
還有具備深度
風土人文的好去處
讓您恣意漫遊

回想最初創立「天空的院子」所經歷的各種艱辛，再對比餐廳的成功經驗，讓我明白，創業從無到有最為艱難，以現有基礎由點到線比較容易。如果我第一個事業不是民宿而是餐廳，從零開始，恐怕所遭遇的阻力遠非現今所能想像。

這番體悟鼓舞了我，要更勇敢的邁開腳步，試著由線到面，串連起吃、住、玩的機能，提供給客人更具深度的人文旅程。

當初我選擇以民宿方式經營「天空的院子」，是因為民宿能讓旅客停留最久的時間，最容易感受深層的文化。可是我發現客人經常詢問附近哪裡有好玩的景點，接著就轉往日月潭或溪頭，無法在本地形成更深刻的文化體驗。

對創業過程來說，穩穩維持現況我們不能接受，只有更好才算及格。因此我們讓旅客在退房後，除了有舒適的處所可以享受美食之外，還要提供具備深度人文的去處讓他們恣意漫遊。我們想到當地從日治時代至今的大鞍國民小學。

大鞍國小是山上社區唯一一所小學，位於偏僻的山區，更是竹山鎮的「最高學府」。它的歷史悠久，前身為日文傳習所，一九三一年（昭和六年），日本人為推廣國語（日語），於大鞍國小現址設立日文傳習所。日本投降後，即民國三十四年，改為大鞍國民學校。

民國四、五十年代，大鞍對外交通不便，大鞍國小除了提供當地子弟教育及年長者進修認字之外，政府還在大鞍國小舉辦民眾補習班，鼓勵失學民眾進修。居民受益良多，大鞍國小的存在，實功不可沒。

大鞍國小與社區之間，有一條從日治時代已存在的就學古道，不過古道早已因為地方發展而沒落、年久失修。如果能夠順利修復這條大鞍古道，在地民眾也能重拾兒時的回憶。

社會上所需要的價值，不是贏過多少人，
而是幫過多少人。

幸福腳步便當

因為古道上遍布石頭，旅客行走不便，因此我們自掏腰包十萬元，邀請在地居民協助整修竹橋和護欄。我們以竹子製作步道，提供旅客更舒適的步行體驗。在大家同心協力之下，經過一個多月的努力，大鞍古道終於成功開通。古道開通那天，我的內心雀躍不已，彷彿見到古道聯結了過去與現在，也連接了沒落社區復興的希望。其實，我們都清楚，社會上所需要的價值，不是贏過多少人，而是幫過多少人。我由衷企盼，旅客的到來能為大鞍社區帶來更多的活力。

我們開始把民宿、餐飲與古道整合成社區的生活體驗，為了讓更多人對往昔風土文化產生興趣，我們在社區首創「幸福腳步便當」生活體驗行程。希望以傳統便當為媒介，倡導在地生活的深度漫遊感受，並且透過民間自發性的整修，重新喚回那些早已失去的文化遺跡。因此「幸福腳步便當」更是一種透過古道引領，讓都市旅客置身於豐富的綠色山林茶園間，藉由與在地居民的自然交流相會，產生一段感動與療癒的慢活時光。

「幸福腳步便當」行程開始前，旅客會先在社區餐廳的視聽室集合，我們以單槍投影機為旅客做行程導覽。旅客透過紀錄影片進入氛圍，搭配圖片、音樂和解說，就能知道當初居民如何辛苦的開通古道，這條路對於居民有什麼意義。於是旅客也能以不同心情看待大鞍古道，深刻感受接下來的文化之旅。

聽完導覽，每位旅客都能領到一個便當、香水檸檬皮乾和冷泡茶。我們透過一個便當，說出更多與在地有關的故事。便當盒的外觀，是竹山鎮上的竹子加工廠用竹簾改成便當盒設計而成。用來綁便當盒的採茶花布，更是鎮上百年老棉被店手工縫紉製作而成。便當裡頭的食材，也是在當地市集採買的。

一個便當串聯運用在地三種生活行業彼此合作，更能讓參與行程的旅客清楚了解，透過大家的共襄盛舉，支持在地生活產業的背後動機與意義。旅客不再只是觀光客，而是透過遊程體驗，轉化為關懷在地的社會觀察家。

我們協助旅客用花布把便當綁在身上，進入古代農夫務農的生活情境，接著參觀日治時代的大鞍古厝群。當旅客漫步在竹林包圍的古道裡，沿途飽覽竹林、茶園和農家的自然風光，彷彿也進入了時空隧道，感受昔日居民辛苦上山讀書的光景。到了中繼站大鞍國小，就能打開便當花布開始野餐，裡面的炒菜脯、滷蛋、炸排骨等菜色，都是精心設計，洋溢著濃濃古早味。

行程贈送的零嘴香水檸檬皮乾，也有一段故事。以前當地人會丟棄大量果皮，有位阿姨蒐集果皮後製成檸檬皮乾，那是她走路上學時愛吃的零嘴，也承載了兒時的回憶。如果客人喜歡，會向阿姨多買一點，不但增加阿姨的收入，也保存了傳統的手藝。便當裡的滷蛋、花椰菜、炸排骨和炒菜脯，每道菜餚都有屬於他們自己的故事。

來玩，也參與在地生活

沿著古道走到大鞍國小，再順著產業道路走回來，全程一小時的旅程裡，旅客只要買一個便當，不但能體驗文化，也參與了在地的建設。居民無需改變他們的生活型態，卻因旅客的到訪而使生活得到提升。我認為，這是談文化體驗最幸福的方式，也是對在地最友善的參與。

當旅客走完行程，我們特別準備點心，並且遞上明信片，請旅客記錄當下最深刻的感觸，然後寄給自己。即使回到家，一個星期後還是可以藉著明信片，重溫當時的感動。

我很感謝旅客願意來到這裡，我認為，他們會來，是打從心裡認同遊程的理念。謝謝他們，讓我相信「讓旅客參與在

我們早有在夾縫中生存的天賦，只是我們遺忘了很久而已。

地發展」這件事是有人願意支持的。因為這些旅客的到來，使得沒落的大鞍社區漸漸有了生氣。原來，我們早有在夾縫中生存的天賦，只是我們遺忘了很久而已。

一個便當從外觀到食材，我們都盡可能使用在地生產的產品，同時產生在地經濟理念，形塑在地故事的發展模式便油然而生。為了落實在經營的理念上，我們開始將「天空的院子」裡的床單、被單、器皿、燈飾，甚至點心，轉化成在地所生產的產品，讓民宿的每個角落，都繫上許多用心的在地故事。在地文創產品便能夠落實在生活體驗場域之中，讓旅客很自然使用到，並且成為住宿體驗的一部分，讓更多人先有了真實感受，進而願意支持購買。

為了擴大開發在地潛在產品，我們開始積極對竹山鎮上的商家與產業進行了解。我經常在鎮上漫步，觀察小鎮生活的一切，無論是白天、傍晚甚至晚上，小鎮的靜默，確實引領著我們有更深的體悟。

台灣鄉鎮的問題

沒落的文化就像
一顆顆沉眠的種子
只要有適當的時機
就會從地底下
破土而出

我第一次到日本岐阜山城的古川町，雖然只是一個小小的社區，居民所做的事，卻令我大為震撼。

古川町的居民組成協會，努力保存古代遺留至今的建築，漫步街道猶如置身於古代的桃花源。町內有一條名為瀨戶川的骯髒圳溝，以前是劃分武士和商賈住宅區的分界線，在居民的努力下，慢慢變成一條悠游數千尾錦鯉的清澈河川，重現幕府時代的人文景觀。

每年下雪之前，居民一起把鯉魚撈起，送至池塘過冬，順便清理瀨戶川的環境。春天雪融，居民再把錦鯉放回川裡。美麗的錦鯉之川每年都吸引了大量遊客，也成為町民的驕傲。由於魚飼料販賣機會破壞景觀，於是居民在河邊打造了外觀形似神龕的小木屋，裡面放了滿滿的魚飼料，並且設有一個開洞的抽屜，遊客可自行奉獻金錢後再取用飼料餵魚。而費用又扶植了以在地草料製作飼料的產業，把清理河川的社會議題，發展為具有在地經濟觀點的社區美學。

反觀台灣，國土遠比歐洲和日本要小，理論上治理應該更加容易。可是我們卻和東南亞許多國家一樣，到處都是鐵皮屋，台灣反而很難把建築環境和生活美學融合成一體。竹山街上有棟建築，側面牆壁凸出了數十條鋼條鐵柱，如此粗糙的建築居然能夠交屋，實在令人匪夷所思。

在台灣，我們經常看見許多人對政治過度熱衷而不斷批評各種現況，可是自己家中環境凌亂、漠視社區。充滿敵意的叫囂謾罵，似乎已經變成了生活習慣的一部分，我經常感到憂心。

青年消失了

我們對於社會的在乎感，都只專注在他人的議題上。有些人寧可每天指責政府，可是自家門口的花卻照顧不好，這樣的社會現象讓我覺得很可惜。當我們覺得國家醜陋，是否可以先美化自家的鐵皮？當我們覺得淹水很糟糕，能用顯微鏡檢視自己，老花眼寬恕他人。

否先清理鄉鎮的水溝？如果人人都能回過頭來先從自己做起，再來議論別人的事情，對於改變社會一定有更實質的助益。只要願意捲起袖子當下就開始行動，你我都是社會的資產呀。

隨著工業化的腳步，城市和鄉鎮的發展變成兩個極端，城市一直在發展，鄉鎮卻一個個凋零。對這些鄉鎮而言，首當其衝的影響是——青年消失了。

由於資源和機會集中在城市，吸引了大量鄉鎮青年前往就業。鄉鎮只剩下老人和小孩，消費力道大為降低，因此當地商品主要販售給老人和小孩，單價就會比較低。如果賣的產品過於平價，工時就會拉長，賣的數量也必須更多，收入才能滿足一日生活所需。可是工時一長，工作就不輕鬆。如果一碗麵只賣二十五元，就必須耗費更長工時才能賣到五十、六十、七十萬元。低利潤長工時的工作形態也化為一道圍牆，令想要返鄉就業的青年望而卻步，無形中變成了惡性循環，繼續將青年推往城市。

缺乏青年意味著缺乏人才，然而青年正是鄉鎮轉型最需要的資源。所以我思考著怎麼樣才能讓更多年輕人回到鄉鎮。我嘗試在竹山鎮上規劃青年以專長換宿，期望借重青年朋友的創新能量，轉化為推動鄉鎮發展的動力。

觀光帶來的不美好

為了振興鄉鎮，台灣這幾年積極發展觀光產業。當鄉鎮凝聚了美好的事物之後，下一步就是找旅行社共同組裝觀光模式。可是，旅行社只把當地最好吃、最好玩、最有趣、最有話題性的景點串連起來。所以觀光業的能量全部導入台灣鄉鎮的幾個超級景點，例如日月潭、清境、溪頭等都呈爆炸性成長，旅客一直增加，政府也不斷建設。但是鄰近地區的發展卻幾乎停留在原點，幾十年來都維持原貌，小而美的事物全被忽略了，因為那些事物不在旅行社所規劃的模式裡。

沒落鄉鎮缺少的不是美，而是缺少被發現。

觀光產業只串連起前幾名的景點，其他不在名單內的鄉鎮，並沒有得到發展的機會。就像舉辦美食比賽，賽後，民眾只會到第一名的店家消費，其他九十九名都被遺忘了。如果這不是我們想要的結果，或許應該思考，究竟哪些環節出了問題。

台灣除了城鄉差距的問題之外，鄉鎮自身的發展也走向極端化，究其原因，是資訊對外的開放並不完整，多半只集中在旅行社還有觀光產業。這種極端化的資訊持續大量曝光，演變成極端化的行銷。唯有使資訊均化，讓其他鄉鎮與在地小店也有曝光機會，那些小而美的事物才有發展的可能。

整合微型企業能夠提升量能，爭取外來的觀光資源，然而量化之外，催動機會均化的模式也很重要。讓觀光客可以慢慢的、隨機接觸鄉鎮內的美好事物，才能使觀光的能量，以均衡的方式扶植在地鄉鎮經濟。

我們在竹山規劃在地生活體驗，旅客接觸的不是最出名的景點，而是體驗米並非任何事情都要「分配均等」，「機會平等」更有實質意義。

香店、棉被店和打鐵店等傳統老店的手藝，感受舊有文化以及在地居民的生活形態，創立一種文化體驗，而非參觀景點的風土經濟，避免鄉鎮自身的發展過度極端。

有些老街原本是很棒的文創聚落，一間間的老屋子開起了文創商店，吸引了大量人潮。可是觀光客太多，無論是垃圾、交通和噪音，都對當地居民造成影響。一個個外地店家紛紛進駐，不堪其擾的居民陸續搬走，藝文街也變成了美食街，最後新的包裝蓋過舊的包裝，質變為一個做生意的地區。

理想的發展是當地的青年增加，而且環境更宜於人居，可是傳統的觀光模式帶來了人潮與錢潮，缺乏在地觀點的永續模式，於是外地人愈來愈多，本地人愈來愈少，周邊依然難逃沒落的命運。

因此，規劃觀光產業之時，必須要有永續的模式概念，如何讓商家願意向當地採購、如何降低環境的衝擊、怎麼使觀光效益扶助在地經濟，都必須納入考

■來來發鐵店的土角厝裡探險，盡是「古董」，好有趣！

■找到「打鐵巷」的招牌再尋著"咚！咚！咚！"的聲音就能找到打鐵師傅囉!!

——Rabbit
04/03

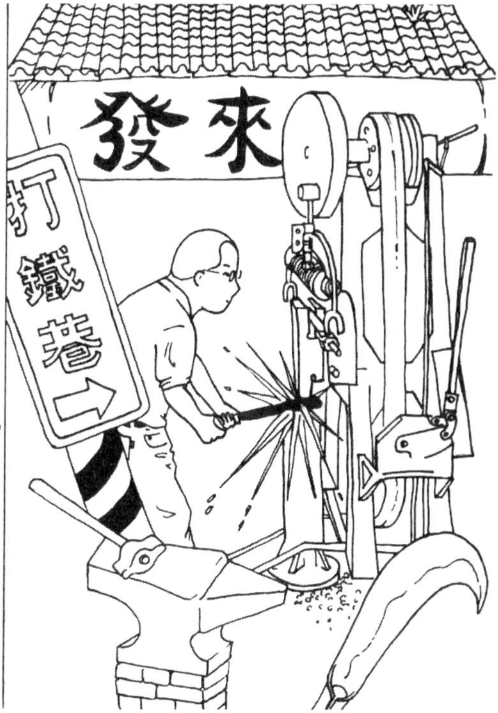

量。如果缺乏永續循環的觀點，產業與在地發展脫勾，一旦啟動觀光就難以回頭。屆時觀光只會帶來消費與環境衝擊，反而變成破壞鄉鎮的文化浩劫了。

讓老店與時代對話

鄉鎮的沒落意味著文化的消失，一個個傳統手藝和老店也因而步上衰微的道路。眼見小時候的老店家一間間被時代淘汰，心裡多少會有感傷。然而我們努力保存文化，並非只是留住一份兒時的回憶，或者盲目藉著社會的憐憫支持他們生存。而是讓這些文化與市場有更多對話的機會，從而讓傳統文化找到新的出口，在新舊包容之間延伸出更綿長的歷史脈絡。

時代的巨輪不停轉動，許多無法適應的文化隨之消失，所以文化不會永遠存在，而是一種持續在當下的狀態。從另一個角度來看，一直守舊不能產生創新的內涵，無法為順應時勢而找到新的出口。以「天空的院子」為例，我不正因為新文化的存在，老文化才顯珍貴。

會為了保留文化，而把內裝百分之百修復為原貌。「院子」裡面有新式浴缸和瓷磚，讓客人可以感受往日情境，在新舊融合之間找到適合於當下的生存姿態，拉近文化與客人之間的距離。

沒落的文化就像一顆顆沉眠的種子，只要有適當的時機，就會從地底下破土而出；如果一直醒不過來，本質不會消失，也只是在等待重生的時機而已。

很多事物如往昔那般存在於當地，例如老藝術家認真的投入，可是作品得不到市場肯定，卻認為民眾沒有素養與眼光，甚至開始對這個社會感到不平與憤怒，高高在上的存在於一個角落孤芳自賞。這種封閉的姿態不能稱之為文化，唯有讓社會聽得到、看得懂、感受得到其內涵，以現代人能夠理解的方式呈現，才能存在於當下。

又例如，沒落的老宅沒人住了，前人離開，就表示不適合在這個時空環境裡居住。可是也無須過於感傷，後面的人來了，會重新整修這間老宅古厝，賦予它一個能夠在當下生存的姿態，如同「天空的院子」一樣。所以文化的消失無須過於感傷，它可能只是暫時不適合這個當下。

老文化滾出新生命

我們在竹山鎮上規劃在地生活體驗，帶旅客去參訪老店，並不只是一味支持店家生存，而是帶領店家出來與人群對話，讓老店努力尋找最適合生存的姿態。當旅客參觀打鐵店，也會抱怨環境太熱，怎麼沒有茶水供應，或者老闆解說不清楚、產品只有刀子很單調等……。老店藉著與市場的大量對話產生互動，慢慢升級自己的服務，或者以舊有的基礎融合新的精神，讓文化本身找尋出口。

「我爸說，台灣可以少一位工程師，卻不能再少一位打鐵師，所以我回來竹山，成為『來發打鐵店』第五代傳承者。」當初，因為父親的一句話，阿榮辭掉工作，毅然決然回到竹山繼承打鐵店。但他不會打鐵，只能坐在板凳上旁觀，一直被爸爸責罵。媽媽覺得孩子肯回竹山這個什麼都沒有的地方已經很難得了，爸爸還罵得這麼兇，很擔心阿榮會撐不下去。其實，換成一般年輕人，早就撒手不幹了。

可是阿榮看得到這份工作的價值，明白打鐵文化的傳承使命，所以他在磨練中精進手藝，現在已經是獨當一面的打鐵師了。有天，阿榮騎摩托車來找我，拿出一把非常精緻的小刀，美麗的流線立刻吸引了我。原本我以為「來發打鐵店」只打菜刀，沒想到還能做出這麼細膩的刀具。

「這是依比例縮小的賽德克巴萊刀型，刃面是鈍的，如果你覺得開鋒會比較好，我也能打出利的。」阿榮徵詢我的意見。

「當然要做鈍的，可以變成鑰匙圈和飾品。」我說。

「但是我爸不肯，他說專業打鐵師一輩子都不可能打出鈍的刀子，一定要非常鋒利，不利就不配叫打鐵師。」

「你跟他溝通過嗎？」

「說過了。我說鈍刀是要賣給客人的商品，利的刀子容易傷人，而且沒人會買這麼小的刀子回家切東西。可是他聽不進去。所以，你要不要和我爸溝通一下？」阿榮向我求援。

應阿榮的請求，我到打鐵店和他爸溝通，不過一開口，我立刻被他爸的氣魄所震懾。

「刀子切不斷東西，那是打鐵師的罪過！」短短一句話透露了職人的堅持。

無論工作或事業，每個人都有屬於自己引以為傲的心中圖騰。

打一把不利的刀

一間小小的打鐵店經營五代，那種職人的信念難以用筆墨形容。菜刀工廠和一般工匠說不出這樣的台詞，唯有投注一生，專注打造刀子的達人，才有這般無比強烈的企圖心。也正是這種堅持，形塑出小店的個性。

後來，我與阿榮爸爸一起受民視電視節目團隊的採訪，節目本來只要介紹打鐵店，我故意說不是還打出了很特別的小刀子？於是他特地買了一個小櫃子，把整排小刀放到櫃子裡，很認真的帶到錄影團隊面前。

主持人一拿起刀子，阿榮爸爸立刻出聲提醒：「那些刀全是利的，小心不要碰到刃面，不然手會流血。」

「以後會打出比較鈍的刀嗎？」主持人問。

「不知道客人為何要買較鈍的刀……如果客人要收藏這種刀子，我可以做個小玻璃櫃，就不用擔心割手了。」他回答得有些尷尬。

或許「來發」的招牌就是刀刃銳利，也或許是職人的信念，無論怎麼處理市場問題，他對刀子的堅持就是要銳利。最近他有了很大的轉變，有次他拿出一隻純鐵打造的蜻蜓給我看。蜻蜓栩栩如生，曲線圓滑，完全沒有銳角，是一種很柔軟、很女性的產品。

第一次看見蜻蜓讓我非常驚訝，我以為那是阿榮以後才會做的東西，沒想到居然在阿榮爸爸這個世代就開始成型。「來發打鐵店」第一次擺出了整排小刀，第二次端出蜻蜓，下一次說不定會秀出鋼鐵人。

無論這樣的改變是源自於阿榮後續的溝通，或是遊客的意見，透過與市場的大量對話，專打刀子的百年老店端出一隻蜻蜓，飛翔在時代的軌道上，演繹出新的生命，老店也能滾出創新的能量。

我的小鎮事業

在這裡的每個人
都參與了這場安靜的改革
大家一起努力
我們都不寂寞

飽島，意外的波折

該堅持的是理念
對與錯是實踐理念的方法
只要方向正確
方法隨時可以調整

我在外演講時，常有年輕人問我：「堅持固然很重要，但我怎麼知道自己做的一定對？如果是錯的，還不聽勸告、一意孤行，不是很糟糕嗎？」我的看法是，信念沒有對錯，我們需要堅持的是信念，並非固守方法，方法如果錯了，就要盡快改善。

創業過程中，我也曾經歷各種挫敗，但我知道「讓竹山變得更好」的信念並沒有錯。如果某件事失敗了，我不會放棄，轉個念頭、換個方法，繼續努力。因為我知道，唯有今天不斷的嘗試，明天才有更多可能。在竹山鎮上開小吃住宿店，就是一個我曾做過的失敗個案。

在鄉下，每位媽媽都有自己的拿手好菜，每個家庭都有因年輕人外出而空下的房間，只要稍加美化整理，就有機會轉化成特色旅宿，並提供每戶人家的私房料理，規劃私房景點旅程。「飽島小吃店」就是在這樣的構想下開始的。

我承租了竹山鎮上一間老舊的透天厝，室內樓梯是用早期磨石子建材打造，經營手法必須不斷修正和嘗試，才能讓理念因應各種情況持續下去。

把手還留有現今少見的繡花細緻紋路，並且保留台灣早期鄉下建築的韻味。我們將一樓裝潢成特色小吃店，再把樓上三、四個房間改裝為家庭式住宿空間，還開始著手規劃竹山生活體驗內容……。

我們計劃先帶旅客參觀鎮上的傳統店家，到古早市集採購剛挖出的新鮮竹筍和土產，參觀兩百餘年歷史的媽祖廟，以及聖義廟裡全台唯一手持步槍的神明紅旗公。回來後，可享受小吃店烹煮的土雞燉醬筍、筍乾爌肉、南瓜炒鹹蛋等在地風味餐。

當晚旅客可以在鎮上休息，隔日再到「天空的院子」住宿，繼續「幸福腳步便當」的文化體驗。三天兩夜的遊程裡，旅客從鎮上到山上，體會竹山鎮民的生活與大鞍居民的歷史，在更長的停留時間裡，完整感受在地文化。

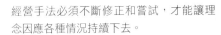

小吃店 vs 護膚店

理想如此，現實卻是：竹山沒有旅客。

竹山缺乏旅客，一到晚上七點，黑幕瞬間籠罩整條巷子，漸漸的轉為黯淡、鴉雀無聲了。幾個好奇的當地計程車司機聽說我準備開一家小吃店，紛紛好言相勸：「你這間做護膚按摩店最好了，竹山就是只能開這種店，你開小吃店做什麼？」

即使當地人如此不看好，我仍然認為市場是開發出來的，沒客人就去開發客源。當初「天空的院子」也是如此，並不是有市場所以去做，而是在缺乏資源的狀況下，用盡各種方法去開發，才能習慣在困難的環境裡生存。

我滿心想著只要這間家庭式民宿經營成功，就能以「飽島小吃店」為示範點，把這個模式推廣到竹山鎮上的其他家庭：媽媽在一樓準備拿手菜，二樓以上的房間裝潢設計後，變成接待旅客的房間，然後孩子負責房務以及旅客的遊程工作。一個家庭，從吃的、住的、玩的，都能產生收入，可以讓更多小家庭共同經營自己的故鄉。

但沒想到，在裝潢完畢後向縣府申請營業執照時，卻遭遇到意外的挫折。

原來，民宿執照只適用於農業區，而「飽島小吃店」位於都市計畫區內，不適用民宿法規，只能申請旅館執照。台灣旅館屬於特許行業，必須設置無障礙空間，櫃台和走道等，空間規劃有一定比例。消防安檢的強度更是非常嚴格，所有條件幾乎完全比照飯店規格。

計畫告吹

至此，讓竹山變成特色民宿聚落的計畫算是徹底告吹了。這次的挫敗也教會

如果想要闖出一番事業，千萬別天真的以為，
問題的答案都是我們腦海中想像的樣子。

了我，如果想要闖出一番事業，就別天真的以為，問題的答案都是我們腦海中想像的樣子。

我花了六、七十萬裝潢，卻發現法規不能通過，一時間曾經猶豫要不要堅持下去，自己的所作所為究竟對不對。後來轉念一想，該堅持的是理念，對與錯則是實踐理念的方法，只要方向正確，方法隨時可以調整。

於是，「飽島小吃店」搖身一變成為「小鎮文創」，樓上裝潢好的房間就提供學生「專長換宿」，讓年輕人用各自的專長來換取免費住宿。這一轉換，把年輕人和創意都帶進竹山，也帶動了後來一連串意想不到的改變。

人生無需要過度紛擾，我們只要意志堅定，好好專注當下，就有值得期待的未來。

翻轉人生心法3：莫忘初衷

你可曾懷疑過自己的決定是否正確，感覺迷惘失落、徬徨無助又不知所措？這時，請傾聽來自心底的聲音，回想最初的起心動念……

1 **初衷：**每個起心動念往往很簡單，是做的過程變複雜了，因此產生懷疑。相信自己最初的信念是對的，中間的辛苦只是過程，唯有更勤奮努力的投入，才能找到自己在社會裡的價值。

2 **轉念：**遇到困難，你可以討厭政府、厭惡盤商、怪罪客戶不懂欣賞產品，甚至抱怨這年代所有的一切。但與其花時間抱怨，何不轉個念，讓挫折變轉機！將原本的對立立場，轉化為合作發展，讓眼前的困難成為合作的盟友，把問題轉化為未來的合作契機。

3 **不輕易放棄：**計畫趕不上變化，追夢過程中挫折絕對少不了，放棄一定會留下遺憾。所以，全心專注在如何度過難關，用自己的人生，回應當時的堅持，一切都是有機會的！

下次當你站在人生的十字路口，不知該不該堅持下去時，別忘了**回想最初的信念**，**聆聽心底的聲音**，認真思考更好的方法，再做決定。

青年回來了

邀請有專長的
年輕人進入竹山
一起讓這個小鎮
恢復活力

竹山鎮近五年來，從原本的八萬人，到現在只剩五萬人。當「天空的院子」經營步上軌道，我開始思考小鎮的問題。於是我在鎮上創辦了「小鎮文創股份有限公司」，試圖藉此吸引擁有專長的年輕人進入竹山，到「小鎮文創」用專長換宿，讓小鎮重獲新生。

竹山沒落的情形很嚴重，一間位於市區中心、擁有兩個店面的四樓透天厝，我僅用七千元就租下來了，做為前來竹山換宿的青年的宿舍。會拍微電影的來拍竹山的故事、會油漆的幫忙刷油漆、能設計的改良店家商品形象，也協助更多返鄉青年創業，一起讓這個暮氣沉沉的小鎮恢復活力。

米香店的老闆送貨來了。那是我們訂購的特製米香——「一口米香」。特別委請老闆娘做成一口就能塞進嘴裡的尺寸，方便「天空的院子」的房客享用。但是望著一大包全裝在透明塑膠袋裡的米香，成品和預期落差很大，我們非但沒有開心的感覺，反而傷透腦筋。

小鎮文創
官網

「客人輪流把手伸進袋子裡拿米香，好像很不衛生？」
「塑膠袋裝質感不好，包裝方式可能也得改進……」

我們都沒有設計專業，討論很久仍然沒有結果，這是「小鎮文創」第一次嘗試開發商品，結果卻出師不利。

轉型之痛

當「飽島小吃店」因為法規限制而中止，我把旅宿轉型為「小鎮文創」，可是對於前途的想像仍然感到迷惘。我經常一個人在傍晚的竹山鎮上漫步苦思，無論是天馬行空的奇想，或是愚公移山的策略，心中一幕又一幕嘔心瀝血之作，卻總是以悲觀結局作收。

因為感觸深刻，我告訴自己，從「小鎮文創」到地方生活的發展脈絡，可能必須用更長遠的觀點來陪伴與看待，心中的憂慮與不安思緒，竟然獲得無比的平靜安定。我找到了生活理想與創業發展的和諧，更慶幸當下的生活體悟。

我希望透過「天空的院子」實質穩定的經營，與竹山鎮上更多的生活產業聯結。「天空的院子」所需要的商品耗材，如果都能由在地商家生產，我想這也是一種讓鄉鎮永續發展的正面循環。

就在我尋求開發商品的靈感之際，忽然聽到「啵！」的一聲在耳邊炸開。那是製作米香的聲音，也是傳統小店充滿活力的心跳聲。當下我就決定和店家合作開發「一口米香」，讓客人也能體會鎮上文化的底蘊。只是成品

送來時，我們才驚覺忽略了包裝設計的細節。我們決定向學校尋求援助，期望導入學生的專業來解決問題。

我毛遂自薦到雲林科技大學演講。設計學院的張文山老師認同企業必須與在地聯結的理念，於是帶領設計系的學生開始了第一波的青年換宿，讓學生能在真實的工作案例中實踐所學。

我和換宿學生一同討論米香的包裝，有時遇到無法解決的問題，大家就熬夜討論，夢想也在一次次的腦力激盪中不停擴展。換宿生展現了令人驚豔的創意，他們以專業統合了包裝設計與行銷模式，最後的成果遠遠超乎我的預期。原本這個案子只是想讓「天空的院子」客人品嚐到更精緻的點心，卻意外開啟了禮品的市場。

每個問題都是一個發展契機，讓未來不斷被重新定義。

小禮品大商機

許多企業都有送禮需求，我主動找竹山在地銀行和保險公司洽談採購，把客戶老闆的頭像設計成黑影輪廓，輸出變成紅色白底的貼紙貼在禮盒上，並且印上企業的電話和標語。這個創意獲得當地企業的支持，「國泰人壽」、「合作金庫」和「彰化銀行」的訂單紛紛給予支持，米香店老闆娘在店裡忙進忙出，開心的告訴我，好多年沒有這麼熱鬧的生意了。

在「一口米香」禮盒初步成功之際，學生的創意再度展現驚人的潛力，設計出另一套全新的禮品行銷模式。

我們請「德豐木業」用雷射雕刻做出薄薄的木板明信片，再由打鐵店在背後烙印鐵店的Logo，認證每張明信片都是獨一無二，接著以客家花布把明信片和禮盒包裹起來。客人開會可以吃米香，花布帶回家當桌巾，拿著明信片到「天空的院子」住宿還能打折。

我們把米香、花布和明信片三個產品，結合成一項更有行銷力的多功能禮品。當時「曼都」和「星巴克」都下了大訂單，送給企業同仁一人一份，幾乎所有人都拿著木板明信片到「天空的院子」住宿。

「一口米香」不僅帶動了數個在地產業，也教會了我：雖然一個人的想法可能很輕，如果能夠集合一大群人的能力，就可以成就無窮創意。

微電影說老店故事

〔字幕〕

吃肉圓的美味步驟：

先吃皮，再吃肉，把醬汁撈到嘴裡……

影片中，一個男子拿著叉子坐在店裡，正經八百吃著肉圓。遊客看著導覽影片不禁莞爾一笑。這是嶺東大學許程皓所拍攝的微電影，也是「小鎮文創」向遊客介紹竹山最好的方式。

在換宿生的創意腳本下，微電影儼然成為行銷老店的最佳利器。傳統老店不擅長使用網路工具行銷自己，然而這卻是青年的長項，他們以自己的專業重新包裝夕陽產業，拉近老店與人群的距離。

當初學生要拍攝「小鎮職人」系列影片行銷鎮上的老店，一開始還擔心肉圓店、紅豆餅攤、印章店老闆會不會因為太緊張而一直NG。沒想到他們出乎意外的有表演天分，鏡頭一開拍就滔滔不絕的演出，完全沒有失誤，比專業的演員還專業。只要有適當的機會，老店也能激發出令人驚訝的潛力。

青年換宿本來只是一個小小的實驗，沒想到不但吸引了台灣學生，還有來自新加坡、香港和中國的學生前來一展身手，一年竟有六百個學生前來竹山貢獻專長。來換宿的每個夥伴，每天都要寫一篇竹山日記，透過他們的個人感觸記錄竹山的美好。一年六百篇換宿心得，就是我們最好的行銷文案。

在一批批換宿生努力之下，無論是協助商家研發產品、改良遊程，或者是行銷老店，持續輸出的創新想法改變這個沒落的鄉鎮，他們的付出使得竹山知名度大開，前來探訪詢問的旅客讓街道熱絡起來，一掃過去的沉沉暮氣。

「小鎮職人」系列微電影

刺青店　紅豆餅　印章店　寶島肉圓

用真心觀察社會脈動，用耐心理解矛盾問題，用愛心包容各種委曲，內心的善念會開始萌動，並蓄勢待發破繭而出。

我忽然看見，長久以來一直覆蓋在鄉鎮天空的沉重烏雲散去，露出了一絲曙光，讓我恍如浸潤於陽光中那般溫暖喜悅。如果青年朋友持續在竹山小鎮貢獻專長，或許有一天，台灣的鄉鎮不再那麼悲觀，台灣的鄉鎮可以更友善。

這裡住宿不用錢

換宿最後一天，我們會舉辦個案分享會，讓學生報告他們在換宿期間為竹山的改變做了什麼。此時的氣氛通常很感傷，換宿生總是忍不住抱在一起哭成一團，因為在這段日子裡，大家彷彿都成了竹山人。

「一開始我對換宿有些擔心，因為沒來過竹山，三、四天後乾麵店的阿姨居然叫得出我的名字，也感謝家宏哥每天晚上帶我們跑步，竹山這裡有好多美妙的事情，但是我要離開了……」

許多換宿生剛來的前幾天，人生地不熟、缺乏安全感，背包總是緊緊背在身上。後來逐漸克服了對環境的不安，這才把背包丟在宿舍裡，到街上探險遊歷。解決任務的過程中，他們不是一路順遂，常跌跌撞撞遭遇很多困難。有時我會看到他們在熬夜，與同伴認真討論解決問題的方法。就是在這樣同甘共苦的患難之中，人與人間從無到有建立了親密的革命情感。

我們依據換宿生的專長進行團隊分組，同校同系或同班同學不一定會編到同一個小組，一切以專案的需求調整。曾有個美術系的女學生，負責一個叫做「方法明信片」的專案。和一般明信片不同的是，這明信片上畫的不是風景，而是搭配標語畫出一個創新觀點。

例如：有張明信片上畫了很多學生圍在桌子旁邊討論，標語是「這裡不用金錢交換，只要你來」。只要把明信片寄給朋友，無須太多言語，對方很快就能明白青年換宿的概念。為了讓外國朋友也能使用明信片，我們搭配了一位外語系學生把標語翻譯成英文。

這裡不用金錢交換，只要你來。
You can live here for free, just pack and come.

小鎮文創－回饋工作坊 Reciprocal Workshop (Mountain Front Bloom)

逐漸沒落的小鎮，以青年們的熱情免費換宿壯遊，為地方注入更多實踐的活力。

A village is in decline. Young grand tourers change their talents for free accommodation and bring vitality here by putting creativity into practice.

小鎮文創股份有限公司
Townway Cultural and Creative Corp., LTD.
南投縣竹山鎮頂橫街1號
No.1, Dingheng St., Zhushan Township
Nantou County 557, Taiwan.
049-2655139 / www.townway.com.tw
小鎮文創股份有限公司

在兩位女生的努力下，一系列方法明信片問世了。藉著她們的作品，旅客分享了「青年換宿」、「幸福腳步便當」、「天空的院子」和「小鎮路跑」等觀點，讓小鎮的美好傳播到世界每一個角落。

在個案分享會結束之後，換宿生常找我訴說感傷，我反而還得要他們盡快擦掉眼淚，不要一直停留在離別的情緒裡。既然來到這裡證明了自己可以解決社會問題、讓鄉鎮變得更加美好，以後也該有更大的企圖心，想想自己未來能為社會做出什麼改變。以前我們會想著換宿生能帶給小鎮什麼，現在我們則是經常思考，換宿生究竟能從小鎮帶走什麼。

台灣鄉鎮充斥許多社會問題，也是學生繼學校之後，另一個學習的真實場域。換宿生不能遠離問題，而是透過接觸問題，明白社會的真實樣貌，當這些問題成為具有教育意義的過程，換宿生就能帶著更成熟的心態以及改變社會的力量離開。如果他們在竹山的這段期間，能夠知道自己未來真正想做什麼，那便是竹山給他們最好的回饋了。

找到自己的信念與價值

不是把自己放在
社會裡最清楚的位置
而是找到自己在社會裡
最適合的位置

我們這一代青年，出生在物質生活富裕的年代，這是我們的福氣，也是我們所須面臨的問題。傳統台灣家庭往往因為上一代生活太辛苦，便給予下一代太多的呵護，這反而讓青年失去了自己的天賦。其實，青年教育最好的方式，是引導。讓青年朋友在生活中了解自己的特質，專注自己的興趣，只要能夠專注自己本身的條件，未來自然會延伸許多出路。

有些家長總是非常有勇氣的告訴孩子，未來投入什麼工作會比較好。試圖想像，我們連明日都無法預測，又怎能有如此自信直接教育下一代三十年後應該選擇的工作？

青年關注的是畢業後能不能找到一份好工作、拿到理想的薪資，為自己標上一個好價格，鮮少思考自己如何改變社會、能為社會創造什麼價值。古代士大夫則先天下之憂而憂、後天下之樂而樂，想的都是怎麼改善社會，以天下為己任，充分展現了寬廣的視野。無論如何，我們都可以在生活的當下努力思考，可以為社會做些什麼？改變些什麼？

打破社會框架的束縛，勇敢走出自己的路，
年輕世代更應無所畏懼的努力與付出。

學習真正的目的，不是要和大家想法一模一樣，而是要有自己獨特的觀點，再加上實踐，從而創造自己的價值。

人生的可能性比你想像的多

去年，我與「新故鄉基金會」廖嘉展董事長一同在暨大教授「社區營造與社會創新」。我們訂出六個題目，請學生上台分享知識，成為課堂上的老師，台下的同學準備問題向台上同學提問。台上台下一來一往的學習討論，才是教育的價值所在。我們所處的社會沒有老師告訴你答案，你必須不斷找出更好的答案。尋找過程中，學生必須吸收知識，再轉化為大家聽得懂的價值內容。

課堂上，我只在旁邊參與，在專業的論述上補強，同時也鼓勵台下的學生發問，怎麼問可以問出重點、怎麼問才能問在刀口上。有講述、有發問，這才是完整的學習，學生與老師才能共同守護住教室真正的學習精神！

講述與發問在社會上很重要，代表著挖掘問題和解決問題的能力，這才是教室裡該教的重點。我們付出大學四年最珍貴的青春在學校努力學習，不應該只是為了學歷與文憑，而是為了歷練自己具備未來改變社會的影響能力。

複製比創新容易，模仿比冒險安全，要如何為台灣社會帶來更多思想的激盪，我們必須擺脫習慣在既定模式下解題的慣性思維，孕育更多前所未見的生活型態與工作樣貌。人生是一場馬拉松，但不該是照著主辦單位的腳本，從起點跑到終點。你可以跑向左邊尋找日出，或跑向右邊探望海洋，人生的可能性遠比你想像的多。

因此，不管你讀的是不是好學校、做的是不是好工作，或者處於人生哪一個階段，都要隨時懷疑、檢視現在做的是否是你想做的事，或者只是聽任他人的安排隨波逐流？

愈溫柔愈堅強

有一句很紅的廣告台詞，「只要我喜歡，有什麼不可以？」很多人認為做自己就是放縱自己所喜歡的事情，其實並非如此。做自己不是恣意妄為，而是清楚知道自己的價值思想是什麼，實踐展現出來讓社會了解。我思故我在，重點在於成為一個有思想的人，而不是任性的沒有思想。當我們期許改變時，必須尊重社會體制，不是讓社會適應我，而是我盡力適應社會，並且保有自己的思維；不是把自己放在社會裡最清楚的位置，而是找到自己在社會裡最適合的位置。

我認為社會有很多不合理之處，社會要變、政府也要變，但是變的方法有別，甚至連周圍的人也沒發現。太極端的做法、太努力在社會裡凸顯自己不同的模樣，別人不一定能接受。如果你更加包容別人，不要求社會很快就肯定或否定你，而是尋求讓他們懂得你的方法，時間一久，他們慢慢就能理解你的理念。

改變不用形式上很強烈，這樣的改變背後要付出巨大的社會代價。我深信，愈溫柔的方法是愈堅強的改變，所以我沒有破壞體制，而是持續自我成長。

找到自己的價值

不是每個人都能一下子就找到自己想做的事，找不到可以邊工作邊找，先讓自己立足社會，對未來保持期待，再慢慢找出自己想創造的價值。所以，先活下去，再談理想與熱情，我們上一代就是這樣努力，讓台灣成為奇蹟。即使是不喜歡的事，只要持續的因為解決問題得到自信，就會愈做愈有熱情。

從另一個角度看，學校可視為你進入社會的緩衝期，這段時期你能自修、到企業實習、考證照……等，為自己將來進入社會做準備。同理，工作也可視為你圓夢之前的緩衝期，與其一知半解匆匆上陣，還不如在工作中儲備資金和專業技術，確保將來能以較佳的狀況實踐夢想。工作是實現夢想的重要過

我在海拔八百公尺的山上，遇見了夢想的天空。
I met the sky of my dream in the mountain.
(800 meters of altitude)

小鎮文創｜天空的院子

曾是廢墟的百年古宅，展開一場與新與舊的傳承對話，成為旅居的住所。

Sky Yard

A forsaken 100-year-old manor, a conversation of heritage beyond generations.A residence of Travelers.

小鎮文創股份有限公司
Townway Cultural and Creative Corp., LTD.
南投縣竹山鎮頂橫街1號
No.1, Dingheng St., Zhushan Township
Nantou County 557, Taiwan.
049-2655139 / www.townway.com.tw
小鎮文創股份有限公司

最大的財富是時間，最高的負債也是時間。

程，在你尚未著手圓夢之前，這是必要的妥協。

如果要改變現況，我們需要找到信念，支持我們在不篤定的未來走下去。我們要隨時問自己：

如果在學校，我為何學習？
如果在社會，我為何工作？
如果答案是為了溫飽，
那麼我能為社會做什麼，
我對社會有什麼貢獻？

想要找出信念，最簡單的方法就是找出自己在社會的位置。所以，最好的答案不是為了文憑或找工作而學，而是為了讓社會變得更好而學；也不是為溫飽而工作，而是為了讓社會變得更好而工作。學校不鼓勵學生思索自己、思索未來、思索這個社會，所以學生很難找出信念，不知道自己能創造出什麼價值。

奮鬥的理由

想要找到自己的目標，不要只想著光環、金錢等條件交換，不能只看制度與我的關係，要著眼社會與我的關係。當你發現自己被社會所需要，你會找到更多奮鬥的理由。

現代人常換工作，一年換好幾種行業大有人在，那是因為他們看不到這份工作的社會價值。大家都從自己的感受出發，定位學習和工作的意義，卻不從社會找到自己所工作的位置，這是一個慣性思考的盲點。

如果從自己的角度想不通，就從社會的角度思考，便能看見完整的答案。

我一年有百場以上的演講，很多學生聽完演講後對我說，這場演講他聽得很有感覺，收穫很多。可是，大學四年下來卻沒有改變，因為沒有任何行動。

有了深刻的體會，就馬上改變，千萬別等回家細細回味，因為那只是一成不變的浪費時間。

所以，現在學生向我要名片，我都說拿了人家的名片，就要馬上立志改變。學生也總是說「我未來一定會改變」。我相信他們一定可以信守承諾。不過有一點是確定的——改變愈快愈好，不立刻行動，會失去效果。

改變最貴的成本並不是資源和資金，而是每個人的改變時間太久，成本就變得太高。觀念改變愈快，行動就愈快，你適應社會的速度也會愈快。

改變就從現在

雲科大的李宜倩來「小鎮文創」打工換宿，啟發了她的一些想法。她想辦市集，且她不只是說，而是立刻回雲林去做。她在三間廢棄的早期閒置建築空間和防空洞辦起了「三小棟市集」，努力推廣在地小農的產品，做得有聲有色，連知名主持人李濤都親自節目專訪。

余建儒返鄉做藍芽竹製喇叭，音質像綢緞般柔美，竹製品特別輕巧，現在也做起了外銷生意。

自台南返鄉創業的林家宏說：「要做就做最好的。」立志成為竹棒針的典範。他不斷研究精緻工法，與外地工廠技術結合，增加產品附加價值。現在他的竹棒針外銷到歐洲，比起台灣，歐美國家更喜歡這種藝術精品。

竹山最大的問題是沒有年輕人。在「小鎮文創」的努力下，許多換宿生在這塊土地上貢獻專長，同時也有愈來愈多青年返回竹山創業，共同改變竹山的面貌。青年朋友要相信自己的創新力量，正因為你們的努力，使竹山成為一個不斷進步的鄉鎮！

在竹山這個小鎮，青年創業成功的故事說也說不完。這些人都有一個共通點——立刻行動做出改變，然後把一個小想法變成大夢想。

文憑與夢想

1 有無想過**文憑能承諾你什麼樣的將來？**沒有思想的前進下去，你會不會成為盲從社會成規的人？

2 如果不喜歡現況，你就必須相信，**唯有行動才能改變自己**，如果不改變，就必須有能概括承受一切的決心與氣度。

3 無論是學習或者工作，要**隨時懷疑、自問**，這是我順從別人的安排，還是我真正想努力的動機？這樣你才能夠了解自己，在社會定位出自己合適的位置。

4 為了一圓夢想，必須先確定，**自己是否就是阻礙夢想前進的因素**？

竹藝復興運動

當傳統與科技結合
不只帶給竹山新希望
也給了我們一個
勇於想像的起點

風和日麗的山坡上，家宏搓著小竹棒，一放開手，旋轉的竹蜻蜓冉冉飛上了藍天，「培鈞，你能想像竹山的天空飛滿竹蜻蜓的畫面嗎？」

「一定很壯觀吧！」

於是，家宏和我討論起樂高積木在世界成功的經驗。既然小孩子有玩具，為什麼大人不能有玩具？我們愈聊愈起勁，勾勒出一個竹蜻蜓世界大賽的雛型，就像英國的鳥人賽那般充滿喜感，哪位參賽者自製的竹蜻蜓飛得最遠，竹山就量產冠軍的竹蜻蜓……。

每個創意都是竹山寶貴的資產，就如同未來數以萬計的竹蜻蜓將會飛翔在天空中，為竹山帶來新希望，掀起下一波竹藝風潮。

竹藝傳承生生不息

竹山擁有豐富的竹林資源，民國六、七十年代竹產業最發達的時期，竹山擁有五百多家竹工廠。後來工廠外移，整個產業才漸趨沒落。

現在，台灣各地的設計師為了理解竹材的運用，紛紛前來竹山研習。為了推廣竹藝產業，我們帶領設計師上山，在竹工藝家陳高明老師深入淺出的解說之下，設計師摸著不同竹材，親自感受竹子散發的生命力，也在操作各種竹編技術的過程中，體會竹藝世界的浩瀚無垠。當設計師離開竹山，竹藝早已融入他們的設計，竹藝的種子也隨之散播到台灣各地。

陳高明老師是土生土長的竹山人，在家具工廠從作業員一路做到廠長，累積了豐富的竹子加工經驗。當工廠外移到大陸之後，他不勝感

慨，小時候家家戶戶都在做竹子加工，如今竹山的竹藝榮景不再，物換星移令他生起復興竹藝的念頭。

後來，他向國寶級「民族藝術薪傳獎」大師黃塗山學習竹藝。因緣際會之下，又被外交部派往非洲幾內亞比索，教導當地居民以竹子編製日用品和家具。兩年內成功使居民生活得以自給自足，功成身退返回台灣。

返台之後，他積極創作十二生肖為主題的竹藝品，前往紐約和歐洲等地參展。經歷了國際的洗禮，他更深信竹藝發展方興未艾，未來仍有無限的可能性。

陳高明老師不斷突破竹藝的技術，努力終於獲得國際的肯定，開始接到國外訂單。當他收到德籍設計大師葛契奇（Konstantin Grcic）的委託時，不但沒有被設計圖裡的重重困難所嚇阻，反而在努力的過程中，超越自身技術的瓶頸，他與其他工藝家歷經兩個多月的奮鬥，終於成功打造全球首張懸臂竹椅，高超的工藝技驚國際，在巴黎家飾展大放異采。

不讓竹藝失傳

推廣竹藝產業，第一件事就是技術的傳承。竹編技術博大精深，如果沒人傳承，在這個世代就會消失。竹山高中沒有竹編課了，而黃塗山老師年紀老邁，也無法再傳授竹編技術。最理解竹藝的陳高明老師雖然具備許多知識，但是如果沒有透過記錄，我們完全不知道該如何學習。

萬一培育後人的速度趕不上工藝家的凋零，竹藝就會斷根，我們將找不到自己的源頭。一個沒有源頭的文化，未來難以演繹出新的姿態，因為我們不知道傳承從何而來。

為了不讓珍貴的文化失傳，我與竹山在地人葉宥豆導演，開始籌備「竹山竹工藝」技術紀錄的文史蒐集計畫。在陳高明老師的解說下，記錄從山上竹林到工廠竹材，把不同特質的竹林和各種竹編技術都以影像記錄下來，有系統的保存竹藝資料。

以後若有設計師詢問材料和技術，我們只要開放這些影音資料上網，就能讓他們了解竹子的品種和工法。不但省略了詢問過程，也能加速竹藝的發展。這是一個很重大的工程，我們非常願意為了竹山竹工藝文化資產數位影像的保存，盡心盡力。

竹山的竹子，對於我們這一代而言，不僅僅是商品，更是成為竹山生活的一部分。我們邀請陳高明老師打造從竹材料到竹工藝發展的文創學習場域，讓更多民眾親身體驗竹編魅力。我們希望將實務累積的知識落地鄉鎮，無論是成功的經驗，或者失敗的反省，我們都需要大量與民間分享，讓台灣鄉鎮有更多創新的觀點傳遞出去。

如果成功，我會跟大家分享；如果失敗，我會繼續嘗試。

迎向春天的竹蝸牛

攤位上一隻隻的竹蝸牛名片架和鑰匙圈，可愛的模樣令人愛不釋手，遊客把玩著，驚呼聲此起彼落。

竹蝸牛雖小，製作過程卻不簡單，每隻都是「竹生活文活協會」成員，細心花費多道工序而成，每個環節都需要相當的技術要求，也是協會的超人氣商品。

為了持續推廣竹山竹編文化，我們成立了「竹生活文化協會」，邀請對社區發展有相當實務經驗的林吉郎教授擔任協會首任理事長。也邀請南開大學林正敏教授、雲科大張文山老師帶領的Lab團隊等學術單位，以及蘇素任、陳高明等竹編老師加入，組織一個開放的竹工藝生態。

在多元的生態裡，「竹生活文活協會」的立場，是鼓勵地方培育竹林，「小鎮文創」的公司角色則是關注市場問題，設計師的角度是獨特價值，竹編老師則聚焦於技術突破。

竹生活文化
協會官網

正因為生態多元，不會一味聚焦在商業上，中間會有其他客觀角度去平衡，所以能夠開發出從竹林取材到生產端全部都在竹山的一條龍產業，發展過程也能透過協會關注的公共議題，讓協會的發展更有社會價值。

台灣民間有許多非營利組織，成員並非由專業人士籌組而成，必須投入相當心力培訓專業技能，經常從生產到銷售都由自己一手包辦。萬一遇見了瓶頸，就必須申請政府相關計畫協助。

非營利組織因為受限於許多內外在條件的情況，距離真正的專業商品化仍有一段差距。如果發展過於保守，待在封閉的小天地裡，不敢與市場對話，會因此失去市場的真實聲音。所以，別花太多時間聽別人鼓勵，那只是離真實愈來愈遠而已。所謂的市場，就是從學習拿著自己的產品，親自詢問客戶為什麼不買你的產品開始。如果連面對困難的勇氣都沒有，要如何面對無常的未來？

把竹編變成QR code

某日，在政府會議中，我認識了南開大學長期致力工藝與科技結合的林正敏老師。林正敏老師在會議中提及讓竹編與網路結合成QR code，這樣的數位服務概念非常吸引我。

一塊竹編小竹板，包容了創新概念、科技應用、工藝溫度、產業結合。

在黑白格子的組合中發現竹山小鎮的故事。
Reading Chushan Township in shepherd's check.

小鎮文創 | 新舊融合創新【竹編QRCODE】

一種結合竹藝與科技的創新模式，讓每個商家都有機會將自己的故事，分享到全世界。

Weaving old and new (Bamboo QR CODE)

An innovative combination of bamboo craftsmanship and technology.
Every trade is able to introduce its own story to the whole world.

小鎮文創股份有限公司
Townway Cultural and Creative Corp., LTD.
南投縣竹山鎮頂橫街1號
No.1, Dingheng St., Zhushan Township
Nantou County 557, Taiwan.
049-2655139 / www.townway.com.tw
小鎮文創股份有限公司

別花太多時間聽別人鼓勵，那只是離真實愈來愈遠而已。

回到竹山，我們邀請「竹生活文化協會」與林正敏老師學習相關專業技術，並且讓「小鎮文創」換宿學生參與。大家決定把竹編QR code轉化為商家智慧廣告招牌。

台南科技大學學生進一步將智慧招牌以塑膠板為材料，保護竹編QR code，不過這個設計概念當時未能達到百分之百的竹製率，美觀度也有待提升。經過不同團隊的累積、嘗試，最後成功大學學生利用高壓熱處理的特殊工法製成抗水竹材，再以雷射雕刻在竹板上進行美學設計，第一塊百分之百的竹編智慧招牌終於在竹山誕生了。

每塊竹編QR code招牌，都是「竹生活文活協會」成員以純手工刮青、剖竹、把竹篾修整至表面平整、寬度一致、厚薄均勻，歷經十多道工序才能製作完成。過程中必須專注編織，八個小時才能完成一塊招牌。編織技術更非一夕可成，全都是根植於「竹生活文化協會」過去練習與市場對話的累積。

當第一次用手機掃描學員完成的竹編QR code招牌，內容跑進智慧手機那瞬間，我深深感動，這麼美妙的事情，竟然會發生在竹山小鎮上！

現在，竹山有數十間商店掛上竹編QR code商家智慧招牌，旅客只要透過智慧手機在招牌上掃描，就能看見店家的資訊與故事，不但有助於店家行銷，也美觀了竹山的街道。

前陣子華山文創園區策展，約有二、三十個策展的板子，底下都擺了竹編QR code招牌，政府單位和民間企業也都陸續下單。一塊傳統招牌要幾萬元，可是竹編智慧招牌只要幾千元，既美觀又經濟，更帶動了小鎮源源不絕的商機。當傳統與科技結合，不只帶給竹山新的希望，也給了我們一個勇於想像的起點。

竹藝傳承影片

廟口路跑，竹山動起來

我們沒有計時
也沒有獎牌
大家慢慢跑
聊聊天也拍拍照
感受竹山的美麗

創立了「小鎮文創」後，我不停思索怎麼在台灣三百多個鄉鎮裡凸顯出竹山改變的力量，直到遇見了返鄉創業的林家宏，這個夢想才看見了曙光。

林家宏是竹山人，返鄉打理父親的「元泰竹藝社」，主要是生產打毛線用的竹棒針。由於台灣竹藝產業外移到大陸的關係，那時竹棒針的訂單並不多。他認為不做則已，要做就要成為竹棒針的典範，所以向銀行貸款了幾百萬購買機械，一直在研究更精緻的工法。

他聽到鎮上成立了一間「小鎮文創」，非常好奇為何有人會在這沒落的鄉鎮創業，就來找我了解狀況，我們聊了許多竹山未來發展的方向。我認為，政府辦活動多半以美食和禮品吸引民眾，可是我們沒有這樣的資源，且這類活動只有一次性的效能，結束後民眾瞬間離開，對於地方長期發展的助益有限。最好的辦法是舉辦常態性的活動或會議，吸收人潮的同時，也能凝聚地方的向心力。

林家宏提出建議，把活動辦在鄉鎮人群習慣聚集的廟口，因為那裡是竹山的心臟，最能匯聚人潮的能量。由於家宏是在地人，熟稔竹山的生活細節，每當我拋出一個想法，他都能中肯回饋給我在地人的角度，於是我們愈聊愈起勁，擦出許多思想的火花。

「有沒有運動的習慣？」他忽然拋出一個變化球，「待會兒我們一起去跑步，不要一直坐在公司，我帶你看看竹山豐富的美景路線。」

就這樣，我換上球鞋和家宏一起跑步。我們一邊跑，一邊討論彼此遭遇的問題。我非常驚訝，沿途居然能見到茶園、鳳梨園和水稻田，我興奮得張開雙臂鬼吼鬼叫，實在是太美麗了！路邊美景一幕幕川流不息，竹山竹子美得像海。如果生活當下能

上午跑步是為了反省昨日，傍晚跑步是為了規劃明天。

夠多看一眼、多想一點，或許，人生片刻不會只有句點。這一跑，改變了我的人生，也逐漸改變了竹山的樣貌。

當我們跑到一處山丘，家宏指了一個方向，「你看那邊！」這麼久以來，我頭一次發現，原來竹山有這麼美麗的夕陽。過去我一直待在鎮上埋頭苦幹，感謝家宏的帶領，讓我看見竹山不同的面貌。

跑步的過程中，我和家宏不像先前在辦公室那般拘謹，談話內容愈來愈奔放。路跑太美妙了，看到美景的時刻，會讓自己轉移注意力，擺脫眼前的瓶頸，享受當下。

或許生活中，能夠滋養我們內心的，是一種純粹的安安靜靜，我一直沒注意這段七公里路跑的終點在哪裡，但我很享受中間的美景。

揪團來路跑

改變竹山，何不從路跑開始？我們興奮的討論：「既然竹山有那麼多美景，何不讓大家一起來跑？」想想以後每個傍晚都有人來這裡跑步，竹山就會變成一個運動鄉鎮，也讓人覺得即使目前竹山沒落了，但是居民很有活力，充滿希望！

第一次邀約開團，就只有我、家宏、林吉郎老師幾個人參加。後來家宏在臉書成立一個「竹馬之友慢跑步」的社團，大家各自邀請幾個竹山在地朋友進來跑，這一次揪團路跑就約在7-11集合。雖然大多是網友，不過一眼就能認出那些在便利店前扭脖子、轉手臂的朋友是前來集合的同伴。大家都穿了運動褲和路跑鞋，一副就是來跑步的樣子。

一位阿伯走近家宏，疑惑的問：「你是不是『xx』？」

「我就是，你是『xx』嗎？」

「讓每次路跑結束後，都是美好的開始。」
The finish line is the starting point of a brand-new journey.

小鎮文創－路跑共好鄉鎮

讓路跑不只是路跑，並在當地廟口舉辦生活講堂分享體驗，
振奮鄉鎮的心靈脈搏。

Run into A Village of Gung Ho

Running is more than running. Lectures of life and dream are shared in front of local temples to inspire the jumping heart of the village.

小鎮文創股份有限公司
Townway Cultural and Creative Corp., LTD.
南投縣竹山鎮頂橫街1號
No.1, Dingheng St., Zhushan Township
Nantou County 557, Taiwan.
049-2655139 / www.townway.com.tw
小鎮文創股份有限公司

跑友多是在網路認識，現場成了用帳號相認的認親大會，彼此都以臉書帳號稱呼，氣氛洋溢著莫名的喜感。

家宏一邊跑一邊導覽，帶領大家認識竹山的美麗風光，沿途把路上美景拍下來，上傳網路和他人分享。許多人見到竹山的美景，默默從各地加入我們的行列，鎮民注意到這個活動，有興趣的人也自然而然加入。「竹馬之友慢跑步」不斷壯大，逐漸擴增為三、四十人的跑步社團。

一開始沒有固定的集合時間，團員有時間就相約跑步。後來家宏決定把路跑變成常態性活動，於是改到廟口集合，每個禮拜三、六晚上八點到十點開跑。自從時間固定之後，跑步的人就愈來愈多了。有一回跑到下坪里經過路邊菜園，正在菜園忙碌的阿姨大聲叫著說番薯葉太多了，就送給每個跑友兩籃菜拿回家。大家拍照PO上網後，好多人回應，沒想到跑個步也能有這麼多生活趣事。

經常有雜誌社或者電視台團隊到竹山專訪，大家從下午訪談到晚上，才走出

「小鎮文創」門口，整條街已靜默無聲，他們就會拍拍我的肩膀，「才七點半耶，整條街沒半個人影了，真的要好好保重啊。」雖然是一句玩笑話，卻是竹山沒落的真實寫照。

如果那些記者重返竹山，一定會發現竹山變得很不一樣。晚上八點，本來是家家戶戶看八點檔的時間，現在街上卻常有三五成群的鎮民相約路跑。這真是竹山非常獨特的人文景致。

愛，跑進小鎮

家宏為了在竹山籌辦一個大規模的對外路跑活動，曾經到彰化觀摩田中馬拉松的運作，也到南投另一個慢跑社團取經。他特別規劃了大型路跑的路線，沿途囊括了竹山的河岸、農村、野溪和林蔭等美景，路線分為十二公里的「流汗組」和四公里的「親子組」路線。

「愛，跑進小鎮」，是竹山第一次辦的大型對外收費活動。究竟會有多少人參與，大家的心裡都沒有底，也難以估算該準備多少經費與物資。活動需要搭建城堡氣球拱門、舞台鷹架，以及準備許多補給站的物資，人力、物力和財力再再考驗著我們的調度。

為了籌措費用，家宏到竹山工業區向大老闆募款，我則是到鎮上向小店商家尋求物資贊助。出乎意料的是，鄉親一聽到竹山要辦大活動，都非常期待，本來要三十份米香卻給了五十份，番薯店也贊助很多蜜番薯，其他飲料、食物等物資源源湧入，每個補給站的桌子都堆得像座小山。

望著鄉親熱情的捐助物資，我才明白，原來竹山沉寂太久了，居民內心也殷殷盼望著旅客的到來，為沉睡已久的鄉鎮帶來新的活力。

好不容易將物資籌措齊全，接踵而來的是龐大的志工人力需求。派出所非常關注這件竹山盛事，答應當日派出警察協助。竹山國中的張老師也帶領學生志工團分擔工作，再加上鄉親自動自發的共襄盛舉，總算解決了人力的問題。為了完備後援系統，我們也找來秀傳醫院做醫療站，到公所申請路權和交管。那陣子我和家宏忙得焦頭爛額，一切只為了讓竹山動起來。

開喜婆婆奉茶

我們沒有計時也沒有獎牌，大家慢慢跑就好了，
遇到補給站就停下來喝個水，休息一下，
聊聊天也拍拍照，感受我們竹山的美麗……

隨著大會廣播，數百位民眾開跑了。一路上的蟬鳴、農村和河岸風光都令大家陶醉不已，原來竹山有這麼美麗的風景。有爸爸推著嬰兒車來參加，在河光山色之中，溫馨的全家福拉近了家人的距離。有位香港來的朋友第一次見識到竹山路跑，各種景象都令他覺得感動。路上不認識的人會互相說Hello，

ABYTE

然後並肩跑步。這裡不存在人與人的隔閡，到處都是活力與希望。

「少年仔，辛苦了！喝杯涼水！」中途的補給站，許多戴上斗笠綁著花巾的志工阿婆端著盤子親切奉茶。霎時，我們好像看見了台灣早期的農村生活景象，卻也意外成為這次路跑最令人難忘的經驗。

原來在籌備期間，家宏曾經和一位里長討論到志工人力問題，里長感謝家宏將路線規劃到偏遠的中和里，這裡已經很久沒有外地人造訪了，他拍著胸脯告訴家宏，「人不必擔心，我幫你傳（準備）。」這就是補給站有很多開喜婆婆奉茶的原因。

用心，打造運動小鎮

此役之後，竹馬的名號不脛而走。然而竹馬的名稱不是我的，也不是家宏的，這是凝聚了鎮民的共同參與，才綻放出的絢爛花朵。活動的結果超乎預期，沒想到這個火車無法抵達、公車要轉車、計程車不好叫的小鎮，居然來了四、五百人報名。活動前一天，竹山住滿了旅客，就連設備不是很齊全的民宿也客滿，處處充滿盎然的生機。

誠如活動之名——「愛，跑進小鎮」，我感謝跑友願意不辭辛勞遠赴竹山，為當地帶來難得的希望。這更讓我深信，無論情況多不樂觀，記得還有理想，只要還有一口氣，點一盞燈，就有人來。

這次竹馬之後，廟口的路跑集合人數爆增到七、八十人以上。過多的人數影響到原本在廟口的土風舞社團，家宏決定把集合地點改到城隍廟。家宏培養了一群竹馬志工團，每日在不同地方約跑，竹山跑步的人口因而直線上升。傍晚時分，光是站著和家宏聊天一陣子，旁邊就會冒出三、四組跑步的民眾從我們身邊經過，整個竹山已經轉變為運動小鎮，路跑風氣正蓬勃發展。

遇到困難要勇於承擔，為正確的事情找方法，通往理想的路徑就會豁然開朗。

後來我又想，既然這麼多跑友聚集，企業如果有什麼活動與理念，不如趁跑友熱身時來跟大夥兒溝通推廣討論。第一個想到的是溪頭最有名的妖怪村。我問他們能提供什麼內容跟訊息，讓參加者在三十分鐘內知道妖怪村的想法，或是用什麼方式讓大家更喜歡竹山、如何跟妖怪村合作。當我們向妖怪村的總經理談及此事，他慷慨的答應協助。妖怪村一向樂意關懷地方事務，只是苦無門道。

那天，路跑的人一如往常的在廟口集合，妖怪村的經理上台致詞。忽然，躲在廟後的妖怪們衝了出來，因為場面太逼真了，現場還有小朋友嚇得大哭，大人哄笑

成一團。帶著妖怪面具的工作人員，像是貞子等妖怪跳起了妖怪舞，還有妖怪小巴串場，氣氛炒得非常火熱。當大家夜跑回來時，妖怪村留下了第二個禮物——妖怪包子。

夜跑人群散去後，我和家宏忙著收拾場地，旁邊有個七、八十歲的老奶奶走了過來，從口袋拿出一疊鈔票給家宏，「我年紀這麼大，看到竹山這樣很高興，這些錢沒有多少，看看你們要怎麼用。」

老奶奶說完就頭也不回的走了，留下我和家宏愣在原地。後來，我們才知道，老奶奶家在竹山開設醫院許多年，那種眼見竹山樓起樓塌，如今又重燃活力的綿長時光在心裡迴盪，感觸之深，恐怕遠非外地人所能想像。

我還未回神，家宏開口說道：「培鈞，我們拿這筆錢幫『竹馬之友慢跑步』買套音響設備吧。」

下坡時放慢腳步，上坡時加速前進。從路跑中體悟人生在順境與逆境和平共處的應對進退。

在低潮時，人很容易喪失立場，這是最能清楚認識一個人的時候。當時家宏結婚了，也有小孩，那段日子工廠的生意並不理想。可是他很有原則，拿著三萬塊錢直接到台中電子街買了整組懸吊喇叭、擴大機和投影布幕，為的是路跑前做操時能播放熱血音樂，帶動氣氛。

在家宏的苦心經營之下，短短四個月後進入暑假，路跑人數就增加到上百人，熱烈的迴響超乎想像。每天下午走在竹山街道上，都能看見許多人穿上運動鞋在跑步，路跑風氣如火如荼展開。現在，竹山出現了一家四層樓的運動用品店，裡面全是運動褲和跑鞋，沒落的鄉鎮能有如此改變，這是居民當初根本想都不敢想的發展。

竹山，好像有變又沒變，但其實在這裡的每個人，都已經一起在參與這場安靜的改革，只是大家知不知道而已。只要我們起心動念，思考改變，行動改變，社會改變，國家也會開始不同。大家一起努力，我們都不寂寞。

螢火蟲夜跑

竹山第一次的大型路跑活動吸引了很多媒體採訪，網路的談論度很高，漸漸影響到公所和政府部門，愈來愈多單位前來關心參與。南投縣政府便詢問家宏是否能再協辦一場大型活動。家宏接下委託，決定舉辦從竹山延伸到鹿谷，一路上坡攻頂的「愛，熱血星光夜跑」。

由於路線經過螢火蟲棲地，又正逢螢火蟲季，生態議題相當敏感。活動文宣專業論述也不夠清楚，在網路上因為誤解被罵得體無完膚。眾網友一面倒的抨擊這場路跑將衝擊螢火蟲棲地，「竹馬之友慢跑步」承受很大的壓力，為了要中止活動或繼續舉辦開了很多會議。

後來，我們請螢火蟲保育中心和鳳凰谷鳥園的專家鑑定評估，確定路跑路線不會影響生態之後，我們開始向民眾宣導，風波才逐漸平息。這件事也給了我很大的啟發，遇到巨大的爭論議題時，一定要挺身而出不能閃躲，否則夥鄉鎮需要的，是人與生活之間彼此信任的關係。

伴會受到無辜波及，理想也會停滯不前。

前次路跑是白天開跑，旅客跑完就離開竹山，沒能在當地帶動更多的消費，非常可惜。這次我們改良過去的模式，活動訂在晚上八點開跑，並且在網路報名的頁面提供竹山的旅遊指南，讓旅客有興趣在竹山停留更久時間，也使旅客挹注的能量以隨機方式分配到不同店家，更均衡的回饋當地。

「愛，熱血星光夜跑」開跑了。

參加的成員要戴上彩色氣球折成的螢火蟲翅膀，頭上要掛閃光觸角，打扮成螢火蟲的模樣跑步。上百人齊跑瞬間變成人形螢火蟲大隊，別開生面的路跑充滿了喜感。活動結束之後，扣除保險、紀念品和當地小點心等費用，我們把部分盈餘捐給生態保育單位，讓路跑不只是路跑，而是一件美好事情的開始。

早期台灣鄉鎮廟口的熱絡生活場景，早已因電視發明、社會發展，讓人逐漸疏

JUMARUNNING

離彼此。如今，我們運用網路與路跑的媒介，再次凝聚大家回到廟口，過著前人的生活，這很不可思議，卻也非常有趣。跑步讓竹山顯得特別，變得更有人情味，也讓當地對未來有了更多的想像。

最初家宏的想法很簡單，就是「讓竹山動起來」，也沒想過跟政府申請補助經費。舉辦活動萬一虧損，就打算自己吸收。很多人可能會擔心：「會不會沒人來？」「會不會出狀況？」「會不會丟臉？」而我們最缺乏的，往往就是行動的決心。

就是愛跑

竹馬慢跑發展至今，已經在竹山舉辦近百場的在地路跑活動，並且累計上萬人次的跑者參加，確實鼓舞了原本靜默的竹山小鎮。每次在廟口大家要出發夜跑時，上百名跑者齊喊：「竹馬之友，對哇造（跟我跑）！」那種響徹雲莫忘初衷，勇氣、智慧、熱情、堅持等各路英雄好漢，都會瞬間歸隊擁抱相隨。

霄的吶喊，堅定傳遞著在地新形態的生活價值，期待給地方一個動的機會，我想就從竹山的路跑開始吧！

鄉鎮的發展若一味向商業化傾斜，便會失去自己的臉孔，無法和其他鄉鎮拉出差異。唯有堅持自己的文化，才能形塑出社會的辨識度，再把眼界從城鄉拉到國際。如果說台灣最美的風景是人，只要堅守自己在地的生活文化價值，我相信仍然可以在國際間保有一席之地。

我們在竹山參與的地方發展實務經驗，開始引起各地鄉鎮社區的關注，也啟發更多人投入在地生活文化創新經營。家宏先前輔導過信義鄉原住民辦了一場路跑，沿途補給站設有檳榔、啤酒和維士比補充體力，讓跑友眼睛為之一亮，到了終點還能品嚐魄力十足的烤山豬肉。跑者繳交的費用不但活絡了部落經濟，也在旅程中充分感受到原住民的爽朗與熱情。

曾經帶領竹山在地青年朋友挑戰背著三太子上喜馬拉雅山的「極地教師」李

清言，在竹山舉辦「竹山馬拉松暨南極超級馬拉松選拔賽」，吸引了五千多人前來參加徵選，超高人氣再度撼動了整個竹山鎮。

我們生活在台灣的鄉鎮中，對於地方改變的渴望，當有如在水面下，對呼吸那種強烈的嚮往。鄉鎮沒落是事實，但是所有不樂觀或樂觀，都在一念之間，完全取決於我們如何看待眼下這一瞬。路跑只是翻轉鄉鎮的其中一種形式，只要我們不輕易向命運妥協，對於鄉鎮未來的面貌，就能抱有更樂觀的期待。

我保持每天路跑的習慣，有時清晨，有時黑夜。路跑讓我們身心沉澱，也可以讓我們欣賞竹山沿途最美麗的人生風光，並提醒自己，莫忘初衷。

翻轉人生心法4：運動

運動，可說是人生中少數「只賺不賠的良善投資」，不只有益健康，更可以培養體力應付工作的需要。但是，怎麼運動才有效益？

1 **選擇：**以我來說，考量到要配合工作的運動型態，跑步是非常合適的自由運動，可以單獨跑，也可以一群人一起跑，比較不受時間和空間的限制，是友善而且能夠立即進行的運動。

2 **持續：**如果只是把運動當作興趣，往往很難持續。因此，唯有把運動當成盡照顧自己的義務，每天都要進行，用這樣的態度才能變成我們身上的一部分。

3 **善用時間：**沒有時間嗎？其實，只要改變時間的運用方式，抽出一點時間去嘗試一件事，就能讓生活變得比我們原本以為的更豐富。

4 **享受路跑：**試著放慢速度調整呼吸，不要在起點就開始計算到終點的距離和時間，而是感受身體因為運動而循環的脈動，同時欣賞接下來眼前的風景，你也能找到俯拾即是的生活感動。

5 **與自己對話：**把跑步當作是跟自己對話的最好機會，趁跑步時多給自己一些鼓勵，給自己一個小小的擁抱。

運動不僅可以讓身心保持最佳狀態，其實也有自我療癒的效果。心情沮喪時跑步，受到腦內啡的影響，等跑回原點時，心情往往已經好轉。我們上班時把時間奉獻給公司，下班後把時間留給家人，是不是也該擠出一點時間，留給自己呢？

點亮地方的光點論壇

提出問題，把問題變成
將來發展的契機
轉變成竹山進步的動力

相信嗎？我們居然在竹山小鎮上舉辦「文學論壇」！第一個來開講的是文學作家駱以軍。當他知道要在城隍廟口開講的那一刻，他覺得太酷了，脫口驚呼「哇塞！」

其實，那是南投文化局希望在地方舉辦文學論壇，邀請作家到鄉鎮與民眾交流文學。或許是擔心文學議題太沉重，很多地方單位都婉拒，擔心民眾參與意願不高，最後南投文化局找上了「小鎮文創」。

我心想，文學活動雖然比較嚴肅，但不試怎麼知道不行呢？而且所邀請的文學作家各個赫赫有名，平常要聽他們分享，可是得到誠品書店等地方才有機會哪！我相信竹山不是文化沙漠，或許可以藉由與文學家的對話，進而影響竹山的閱讀風氣。於是接下了委託，給竹山一個機會。

這是竹山第一次的廟口文學講座，說不緊張是騙人的，我和家宏戰戰兢兢的籌辦，到處邀人。當天傍晚，原本答應要來的人，卻沒有出現。我盤點了一下人數，只來了三分之一。我心裡開始慌了，聽眾寥寥無幾，對作家實在太不好意思了。

眼見開講在即，我和家宏狂打電話叩人來。駱以軍大哥體貼的說：「別再打了，人來多少都沒關係。」我和家宏還是很緊張，就怕失禮。幸好開講時，大家忽然都出現了，終於坐滿三分之二，總算鬆了一口氣。

「這輩子，我沒在這麼多神明面前和大家談文學，我發誓等等要講的，都是真的！」作家一開口，就以幽默感吸引了眾人。

那天，他談照顧流浪貓動保議題，以及如何關心動物，台下鄉親聽得津津有味。即使竹山第一場文學論壇順利落幕，我還是無法衡量到底對竹山是否真能產生影響力。二十天後，另一位文學家張萬康蒞臨第二場文學論壇。這一次，不需我狂叩，台下也能座無虛席。

「我們文藝界在台北或其他城市的文學講座，通常有十個聽眾算正常，有二十個就要放鞭炮了，今晚台下竟然有六、七十人，竹山果然是文學聖地！」張萬康風趣的開頭，引爆台下一連串笑聲。聽眾在張萬康一張張幻燈片的講解下，明白了文學並不遠，它其實就是世間生命的萬象。

沒錢也能辦好事

兩、三年前某一天，埔里新故鄉基金會邀請我去演講。那是某個週五夜晚，在當地一家咖啡館。我一進去就發現，週五晚上的埔里怎麼能聚集那麼多人，而且都是年輕人，我好驚訝。隔天是假日，這些年輕人沒有外出遊玩，卻聚在這裡。他們自然的交談，互相閒聊自己最近在忙什麼，談論彼此最近遭遇的困難，對方也會真誠給予意見，氣氛十分熱絡！

這景象讓我印象非常深刻。當時他們向我解釋，這個論壇有固定的週期，選擇大家有興趣的主題，邀請講師來談，提供講師費、車馬費。長期下來，逐漸累積社團人數。

這場演講啟發了我，心想何不也在竹山舉辦一個常態性的論壇，凝聚地方的向心力？一般邀請專家、講師來演講，都有經費提供演講費、車馬費，但是我沒有經費，怎麼辦呢？我開始思考，如何辦一個趨近零成本的地方型論一點一滴，一步一步，把心意轉化成堅強的毅力，奉獻給這塊土地，找出幸福的鄉鎮曙光。

壇，而且要長期持續下去，我可以做到什麼程度？

仰賴錢辦事的壞處就是，沒錢就辦不了。如果沒錢也能做，那還有什麼難得倒我！而且這樣的嘗試，才有辦法把理念種下來開枝展葉。

既然沒有預算邀請專家，那麼就讓當地居民自己來互相交流吧。竹山有許多在地居民的實務經驗可以分享，甚至可以把自己遭遇的問題或以往的困難，帶到「論壇」上來討論。透過大家的參與，獲得更多回饋與意見，這樣共同學習成長分享的方式，提問者一定有機會獲得更好的解決方法。這就是「竹山地方青年光點論壇」。

我把這個論壇，定位在以當地人為主，免費參加，無講師費，並且定期在每個月的最後一個週五晚上舉辦，希望住在外地的年輕人可以在這天回來，一起討論竹山當地的問題。平常再怎麼忙，一個月花三小時關心自己故鄉，很值得啊！

號召眾人來相挺

接下來，問題又來了，觀眾哪裡來？你辦活動，大家就有義務來「共襄盛舉」嗎？自己的力量有限，一定要借力使力才行。我邀請幾個在竹山經營社群很成功的在地居民成為論壇的顧問。

除了「竹馬之友慢跑步」家宏之外，還有跟丈夫返鄉創立「三塊厝牛肉麵」的黃莉榛；也邀請原本是Justin's signatures公關、後來返鄉創立「如此幸福甜點工作室」的陳珮甄來分享；以及曾經是公視的製作，為了一圓電影夢，「即使竹山的戲院倒光了，我也要拍出屬於竹山的電影」而決定返鄉的導演葉宥豆，每場論壇都由她來做影像記錄。

當然，還有林吉郎教授負責主持論壇以及做最後總結。「竹山地方青年光點論壇」的設計精神，是由當地人鼓勵當地人、當地人影響當地人，讓鎮民願意實踐產生更多的改變。

我們常用「那是別人的事」來處理問題，
卻忽略了自己也是問題關係人。

我邀來擔任論壇顧問的這幾個竹山人，經營社群能力很強，對當地極有影響力，我請他們幫我宣傳：「可否幫我邀請當地人來參加這場活動？」訊息透過大家分享，果然號召力很強，前來參與的人很多。

在「竹山地方青年光點論壇」中，我們把當地的問題提出來，透過討論，把問題變成將來發展的契機，轉變成竹山進步的動力。有一次，一位媽媽在「臨時動議」提到新住民媽媽的問題，「外配愈來愈多，按摩護膚店家也愈來愈多，甚至開到學校旁邊，再這麼下去，竹山會沒有未來！」

「沒有未來」是多麼嚴重的指控，但「外配愈來愈多」，在竹山是個事實。一個地方的社會現象，如果不是理智的在複雜的問題結構中，思辨出明確的觀點，現場很容易就讓這樣的議題產生更多誤解，論壇也失去了價值與意義。於是，我問在場居民一個問題：「除了這個現象與想法之外，大家還有沒有其他看法？」

這時，竹山高中的劉老師站起來提出一個新觀點：「我想她們之所以到護膚按摩店上班，那是因為竹山並無法提供她們更好，以及友善的就業環境。好的工作留給她們的機率不高，所以這也是我們大家所產生的社會問題。不過，如果大家願意從另一個角度看，台灣的市場愈來愈小，但是印尼、越南、菲律賓等新興國家的市場愈來愈大。她們的孩子在竹山長大，就成為土生土長的竹山人，將來這些懂得中文、越南文、印尼文的孩子有語言優勢，長大後回到他們母親的家鄉發展創業，賺更多錢回台灣。所以我們更應該好好珍惜這些未來人才，給他們更好的教育資源與學習機會。」

如果論壇在「沒有未來」結束，就只留下誤會的角度。然而劉老師把議題延伸得更長遠，拓展了與會大家的視野，也啟發了我們對未來的想像，從深沉的社會問題裡，找出了努力的發展契機。

那天論壇結束後，我們開始聯結文藻大學的資源，尋求越南語、印度語等外語人才。也是因應人口老化可能日益增加的外籍就業人口所做的人才串連準備。

遇見問題如果不積極處理，我們就成為問題的一部分了。

我們也去竹山鎮公所、戶政事務所，確認竹山目前有多少新住民、有沒有新住民組織。現在「小鎮文創」開始建構在地新住民資料。論壇也曾邀請新住民來參加，我們問兩位印尼媽媽：「妳們在竹山最想買的東西是什麼？」她們同時說：「伊斯蘭教的頭巾，因為竹山沒有。」

後來，我在論壇鼓勵返鄉年輕人，思考這些新住民的消費需求，鼓勵他們朝這方面發展。甚至可以考慮在竹山開一家產品豐富、服務周到的印尼或者越南文化雜貨店，因應未來發展人數持續成長的族群。不是很有商機嗎？

論壇不一定能馬上解決問題，也不是即刻就能有共識，但透過實務經驗與交流，卻能匯集眾人的智慧與想法。把問題變成機會，是論壇的最大功能。

儼然是個龍虎穴

竹山臥虎藏龍，什麼樣的人才都有，有時真讓我大開眼界。有次我在竹山網路社群徵求具備空拍經驗的專家。經過聯繫，我和空拍專家約定見面。那天下午，一位雙臂刺青、穿著拖鞋、背心的彪型壯漢一腳踏進「小鎮文創」。

雖然同事已經通報對方的來意，可是他的形象實在和我的想像落差太大，我一時間反應不過來，一開口就有點結巴：「你，你有空拍機？」

「有呀。」

「你在竹山的工作是？」我忍不住探問。

「我賣豬肉的啦。」壯漢大剌剌的說：「吼，你很難找耶，他們說你這個時間才有空，我們快點弄一弄，我早上賣豬肉很累，要快點回家休息！」

他是林益志，在地竹山人，空拍是他的業餘興趣。我上網看了他的空拍影片，完全是專業水準啊！

「剪接和配樂也是你自己弄的嗎？」

「嘿啊。」

「你怎麼會想到學這個？」我愈來愈好奇。
「好賺啊。」簡單明瞭的答案充滿說服力。

我發現網路上不只有他的空拍影片，還有他的廚藝、美術、園藝等作品。很難想像一個粗獷的男人能夠有如此細膩的生活興趣。林益志的才藝不僅於此，當他女兒需要一個打蛋器學做蛋糕餅乾時，他把沒用的空拍機馬達裝在蓮蓬頭上，做成電動打蛋器，不但握起來手感絕佳，還能調整轉速。多才多藝的程度令我瞠目結舌。

由於他的經歷太有趣，我後來也特別邀請他前來「竹山地方青年光點論壇」，和大家分享自修技能的經驗。聽眾各個嘖嘖稱奇，對於學無止境有了更深一層的感觸。

我們慢慢的營造良善的生態、友善的環境。對於未來想到竹山創業的外地青年朋友，或是返鄉年輕人，這裡，是一個了解竹山風貌的好場所。整個小鎮都是問題，但我們不怕發現問題，我經常把論壇裡發現的問題，拿來和夥伴以及換宿的學生討論，讓竹山成為一個真實的體驗場域。

我們是在真實的問題裡做學問，這和在學校學習不同。真實的問題如何解決，也跟學校考試不一樣。在真實世界實踐知識的力量，才會明白所學是為了改變社會，而不只是為了考試或紙上談兵。

空拍竹山

翻轉人生心法5：愈分享，愈有熱情

很多人問我，為什麼我可以持續努力十幾年，還能保有熱情？怎樣才能發現自己的熱情呢？是不是要先找到興趣，才能產生熱情？

1 **做到有熱情：**如果能找到自己喜歡做的事，自然而然產生熱情，這是最理想的狀態。但是，很多人可能跟我一樣，並非一開始就知道自己的興趣是什麼，剛出社會，也還沒找到想做的事情。這幾年來，我發現，或許熱情不一定來自興趣，很多事情，不一定要有熱情才努力做，而是要努力做到有熱情為止！

2 **分享：**一個對自己從事的工作有熱情的人，會不斷的跟你分享他所做的事情，並讓別人因此被感染而產生熱情，而且願意跟你一起捲起袖子來努力。熱情不能只靠單向的付出，更要能夠形成一種良善的循環機制，才能夠持續而長久。你愈分享，得到的回饋與認同就愈多，而回饋會助燃你的熱情，延續你的熱情。

3 **傳遞：**要讓自己變成熱情理念的傳遞者，我們需要學習和訓練自己的表達能力與溝通技巧，包括運用文字、圖像，以及運用網路社群與社會大眾分享的方法。唯有全心全意的說給社會聽，社會才有機會牢牢記住你。

4 **重新定義你的工作：**如果你還不知道如何發掘自己的熱情，不妨先找份穩定的工作，並且嘗試替自己重新定義這份工作，只要你多善待你的工作，你的工作就會善待你。

5 **工作的意義：**工作不只是有一份收入帶回家的形式而已，工作背後應該要有更多對國家社會的意義與價值。只要能夠讓工作的定義更加明確與清晰，不論對個人或是社會的發展，一切的辛苦都非常值得。

來竹山圓夢：青創平台

如果長大了
就放手去飛吧
這是竹山的祝福
也期待未來
帶更多能量回竹山

竹山有全世界最好的竹子，國際知名品牌Gucci設計團隊甚至遠道而來竹山尋找技術與竹材。台灣的頂尖設計師駱毓芬，更用竹山的竹子設計出獨一無二的產品，讓竹山的竹子走向國際。努力發掘竹山的美與獨特的樣貌，愈凸顯竹山的在地化，就愈能國際化。

幾年前，我透過竹編老師蘇素任的介紹，認識了駱毓芬。她在科技業十年，曾任職於台灣飛利浦、華碩、明碁等公司，榮獲五座德國iF設計大獎。不過她的堅持經常和公司的商業模式產生衝突，為了一圓文創夢，她決定創立「品研文創」。我們第一次在竹山見面，就開始討論未來所有合作的可能性。

合作的第一步，我們都期許設計能從竹山就地取材，如果還是得從外面採購材料，作品再好，對於竹山的發展仍然沒有幫助。如果作品能與在地聯結，成長的果實才能轉化為實質利益回饋當地。

設計師總希望以最完美的材質呈現自己的作品，但在竹山，想要的頂級材料都沒有，只能就地取材。對自由自在慣了的創作靈魂而言，猶如被關進籠子裡的囚鳥。我們經過多次反覆討論，駱毓芬逐漸克服每個難題，並且更能夠體會藝術是為了給人幸福，創業者該有的格局與責任感要比自由創作更大。最後她落實在地經濟的理念，開始在竹山找尋可以發展成系列商品的材料。

「既然竹山有全世界最好的竹子，為什麼不讓竹藝發揚光大？」竹山特產的竹子禁得起強風拍打，韌性極佳，彎曲幅度遠遠超過中國和東南亞的竹子。駱毓芬終於鎖定了發展目標，找到夢想的起點。好不容易有人願意參與竹山發展，我打從心底感到高興。

愈在地，愈時尚

駱毓芬的創業之路走得並不順遂。為了籌措資金，她還曾到南台科技大學教課，用薪資補貼資金缺口。為了堅持理念，一邊教書一邊創業，我深感敬佩！駱毓芬為了拓展國內外通路，幾乎所有課餘時間都在忙碌著，參與許多國外的設計展。除此之外，她也在各通路鋪貨。這麼一來，囤貨資金壓力也就愈大，通路點的管理成本也就愈高。

台灣市場太小，產品競爭激烈，作品設計得再美好，一旦過了展示的蜜月期，最終還是被無情的擱在角落。駱毓芬初次創業，設計師總以為大量鋪貨會帶來更多的銷售機會，卻忘了管理成本也會增加。或許該改變以往一口皮箱找客戶的心態。

後來她決定捨去大部分銷售不佳的寄賣點，只保存幾個主要通路，將

愈在地化，就愈國際化。千萬別忽略台灣社會微不足道的生活景象。

主力集中在研發技術與創作上，發表不同竹材的系列商品。但若要量產，資金會是個現實問題，於是我當時也投資了駱毓芬的「品研文創」。資金不多，對她來說卻是找到一位夥伴，連結了未來的一個希望，這對竹山更是一種機會。

後來，她隨著政府前往海外參展，發現竹子是前往國際化發展的絕佳跳板，意外打開海外通路。在台灣，大家對竹子習以為常，看不到它的價值，可是外國人卻比東方人更能欣賞竹子的細膩底蘊與脫俗氣質。

駱毓芬採用本地竹子為材料，以傳統竹編工藝打造出「竹夫人篷篷裙椅」。掀開布質椅面就變成了品茶用的小茶几，產品僅三公斤，卻能支撐近百公斤的重量。歐美人士看得嘖嘖稱奇，也被晶華酒店擺入VIP室。

保留青竹原色的竹筷組裝了可折疊的刀叉，無論切水果或塗奶油都很便利，就連不擅筷子的外國人也用得稱手。現在，她設計的一系列產品在歐美上架，每年營業額五、六百萬，去年還獲得亞洲崛起人才獎的殊榮。有時候，不一定是產品沒有競爭力，而是沒有為產品找到合適的市場。

「把設計放輕，把在地場域的文化放重。」這是駱毓芬的創作核心。她的成功，證明了愈在地愈時尚。在地經濟不會限縮創作的自由度，反而開啟了另一條創作的新途。

邁向國際

「品研文創」的海外營收成長飛快，我衷心為她感到高興。有日駱毓芬找我開會，討論公司未來的發展方向。「現在公司主要通路在國外，你認為下一步，該怎麼讓『品研文創』更加國際化？」當駱毓芬開口的剎那，我頓時感到自己的不足。

創造了在地經濟之後，「品研文創」的下一個階段是邁向國際化。但是我沒有國際化的經驗，這已經不是我能幫忙的部分了。現在的「品研文創」成長飛快，發展模式已經無法局限在竹山。她也做台南和其他地方的在地產業，以全台各地材質做為設計的方向，隨著國際化的發展，在地的概念也從「竹山」轉變為「台灣」。我開始思考著我和她之間存在的意義。

「妳現在需要的是更多資金和國際化的經驗，『小鎮文創』參與協助的有限，妳應該找能夠幫助妳國際化的團隊，我們應該為『品研文創』找到更好的資源舞台。」我由衷盼望身旁的朋友可以以自己的理想為榮，成為鼓舞社會往善的方向前進。

放手去飛

我的外公小時家貧，年輕時在有錢人家裡當長工，見到路邊窮人冷得發抖，

與其坐以待斃被危機吞噬，不如積極投入備戰，增加個人的專業與能力。

就把身上的外套送給對方，自己則把別人丟棄路邊的衣服拿回家，洗乾淨就穿。好不容易工作存了一筆積蓄買了塊地，然而隔壁鄰居被倒債快活不下去，便跟外公提議換地，外公於心不忍就答應了。家裡後來知道了這筆交易後非常生氣，因為鄰居那塊地非常陡峭，不能耕種。面對親友的責難，外公不以為意，因為鄰居賣地換錢度過一家子的難關，這就夠了。

媽媽也遺傳了外公善良的基因。我國小時，家族親戚負債倒閉落難到了三重。當時玉米很便宜，媽媽就從水里買了很多玉米，用火車一捆一捆的運到三重給這位親戚做生意，讓他們一家能夠帶著小孩到夜市擺攤，在兩個桶子放上木炭賣起烤玉米。當時我們家經濟不好，媽媽因此特別標了一個會幫助親戚，一切為了讓他們先有個棲身之地。對媽媽而言，幫助他人這件事即是付出的理由，付出不需要任何回報，只期盼別人過得好。

當初我不明白為何外公要換地，也不了解媽媽為何要幫忙，但年紀漸長，我逐漸明白真正的擁有並不是擁有，不如把自己擁有的，拿來協助他人或者投入自己認為對於社會有正面意義的事情，這才是真正的擁有。

對於每一個來到竹山創業的青年，「小鎮文創」衷心期待合作與給予協助。如果長大了，那麼就放手去飛吧，這是竹山的祝福，也期待未來能帶回更多能量幫助竹山。

創意發財巾

除了駱毓芬外，竹山也有很多創意十足的在地產業正在發酵醞釀中。有天，一位先生捧著亮麗金黃的金條來找我們。「何先生您好，這是發財毛巾。盒子外觀看起來就像金條，裡面放了一條毛巾，我還申請了包裝專利……」他是金磚發財巾創作人張錦川先生，興奮的向我解說他的創作。望著金光閃閃的盒子，我們當下還真的錯以為看到了金條。

別小看一成不變的工作，令人驚豔的想法，往往都是在每天的工作中發想出來。

張錦川先生在竹山開了一間毛巾廠，可是傳統產業愈來愈不景氣，為了尋求轉型，他想朝文創產業發展，於是以宗教為主題，設計出一款用金盒子包裝的毛巾。原本他想與紫南宮合作販售，廟方讓他把毛巾堆成一座小金山給信眾參觀，因為太有噱頭，還吸引了不少媒體採訪。活動結束後廟方要他把毛巾收走，現在倉庫裡毛巾堆積如山，他只好四處奔走銷售毛巾。

他找了鎮公所，可是公所表示買不了這麼多，就建議他來「小鎮文創」找我。無論是規劃活動帶來旅客，或者舉辦論壇分享經驗，就在我們努力振興竹山的同時，也逐漸變成了解決地方疑難雜症的中心。

「大哥，你講文創講得太嚴肅了！」當時家宏也在現場，就幫他出點子。

家宏建議，如果是為了讓更多人知道發財巾，就直接把倉庫的金條都堆到發財貨車上，用繩子綁好上高速公路。路上的車子一發現貨車上載著金條滿街跑，或許很快網路上就會出現「捕獲野生金條」的議題圖文分享。聽完之後，張先生興奮的躍躍欲試，我不曉得他後來試了沒有，但是我用自己的方式與他合作，給彼此一個機會。

「小鎮文創」有在地小旅行的遊程，對毛巾也有需求，所以我提議一起叫料製作毛巾，減輕他的經營壓力。現在，「小鎮文創」有自己的毛巾了，上面印有「讓觀光客成為社會學家」的字樣，規格比較細長，跑步時可以掛在肩上，擦汗也不容易掉落。讓旅客的付出也能支持在地產業，如果我們可以一起整合相關民間發展生態，未來在台灣創業一定更大有可為。

我從「創業」學到的幾件事

1 **捲起袖子：**創業，不只是詳盡的計畫書，也不只是財務風險評估；最重要的是捲起袖子，這是一輩子的自我要求與承諾。

2 **別怕流言：**如果他人的流言蜚語讓你紛擾，千萬別創業，因為你還不清楚什麼叫做專注。

3 **找對營運模式：**創業初期最重要的不只資金，而是如何在資源有限的時間內，盡快找到合適的營運發展模式；也就是說，如何讓新創事業在一開始就能快速找到與市場接觸的機會，或與不同行業團隊合作、整合相關民間發展資源，找到更好的發展經驗。

4 **做對選擇：**當我們觀察創業過程，有時「選擇」比「熱情」重要。選擇合適的方法能讓熱情綻放，選擇不對的方式只會加速熱情消失。

5 **對未來有想像：**創業者思考產業未來幾年的發展趨勢，做出資源的最佳分配；工作者則思考未來幾年如何增加自己的相關技能與知識，協助公司發展。我們必須對未來有很多想像與畫面，再透過努力學習，一步一腳印走向迷人的未來。

6 **集思廣益：**創業家關注明天發生的事情，政府專家專注昨日發生的研究；一個是未來的開拓，一種是過去的分析。應該讓兩者有效交集，才能集思廣益。

小鎮文創2.0

當聽故事的人變成參與故事的人
旅客就成為美好故事之中的最美詩篇

把遊客變成社會學家

歡迎您來訪竹山
但不要只當觀光客
更可以是一位社會學家
跟我們一起關懷鄉鎮

台灣的深度觀光旅遊，數十年來發展為一種制式化內容：「行程、導覽、DIY、風味餐」。大家從觀光立場來看，總認為「人潮就是錢潮」，因此發展指標多半繞著「人次」與「產值」打轉。過於專注在這兩種指標發展，仍會遇見區域發展的負擔與困難。

如果每個區域發展的終極目標，只為了追求有多少人、多少錢，而忽略了觀光發展人潮對在地環境、文化和生活的衝擊，後果將不堪設想。當觀光客大量湧入鄉鎮之後，通常那個小鎮就不再適合當地人居住了，我在竹山也有類似的深刻體認。

有一天，導覽解說員一如往常帶領遊客參觀竹山當地的人文老店，「這裡是手工棉被店，以前做棉被的花布剩料會做成袖套，賣給山上的採茶人家……」導覽員拿著大聲公解說，遊客聽得津津有味。

我聽著聽著不經意的抬起頭，看見樓上老奶奶正探頭觀看。當下，我突然可以體會老奶奶的感受。每個遊客都是頭一次聽導覽介紹，但棉被店樓上的住戶一週可要聽個好幾次，且成為他們未來生活中令人困擾的一部分。

一想到這裡，我內心十分愧疚。我強烈意識到，傳統的觀光型態很容易在不知不覺中就輕易破壞當地原貌與居民生活。再不改變發展方式，竹山可能會變成其他向商業傾斜的老街一般，在地的生活步調也會被吞噬。

希望有一天，台灣鄉鎮能夠用「生活」取代「觀光」，用「文化」取代「景點」，用「永續」取代「營收」。

因此，我想做的，是把台灣的鄉鎮從純粹的觀光轉型，讓來竹山的旅客不只觀光旅遊，而是透過旅客所參與的體驗，讓當地變得更美好。反覆思索之後，我們一改過去的經營模式，以遊客實踐取代導覽解說。並且設計在地學習體驗，將竹山的社會問題融入行程體驗中，讓觀光客成為社會學家，共同參與解決在地的社會問題。

舉例來說，如果竹山一年有上萬個旅客，我們應該思考的是如何讓上萬名旅客為竹山種下一棵樹，數十年後為竹山打造一片森林，其中種樹就是為竹山做良善在地永續的事情。在「小鎮文創」的學習體驗裡，我們設計了許多不同參與情境，例如「環境美化」、「協助商家」、「老人照顧」等，各種與當地互動的事情，大家還可以分組進行不同任務，非常有趣。

如果每位來訪竹山的旅客都能為竹山做一件好事，上萬個旅客一年就能為在地帶來上萬件好事。當聽故事的人變成參與故事的人，每位旅客的到來就不再是居民的負擔，而是成為當地美好故事之中的最美詩篇。

用餐時間，一位女孩拿著手機，給羊肉羹店的老闆娘看她的螢幕，「老闆娘，妳家的羊肉很好吃。我臉書發文了，叫我朋友有機會就來捧場。」

「我也打卡了。」一旁的男生也舉起手機。

這間羊肉羹店的老闆娘來過我在竹山辦的「竹山地方青年光點論壇」，跟大家分享做羊肉羹的手藝。她也談到很努力想把店經營下去，可是不知是竹山人口逐年減少，還是她跟不上網路時代，不管怎麼努力，生意一直無法突破現況。論壇結束時，老闆娘發了三十張名片給大家，拿名片到店裡吃羊肉羹就有優惠。

看她這麼認真經營，這麼努力想在竹山生存下去，如果社會沒有給這位老闆娘更多機會，一旦羊肉羹店真的無法維持下去，一定是竹山的損失，我們心裡一定會難過。好不容易有人回到鄉鎮來了，但如何讓這些回鄉努力的人留下來？

生活感動俯拾即是，只是缺少創新與發現。

問題變商機

台灣的每個鄉鎮都有成千上萬個問題，竹山也不例外。我們在「竹山地方青年光點論壇」發掘了很多問題：產業外移、人口外流，並且存在著新住民就業、弱勢家庭、老人照護等集台灣社會問題之總匯。

我們一方面把這些大大小小的問題帶到專長換宿的年輕人面前，讓他們思考、協助解決。另一方面，我們也設計很多這種從問題演繹出來的生活體驗情境，讓旅客也能參與在地改善，共同解決竹山的社會問題。

我經常希望青年換宿生，能透過散步的方式看看竹山小鎮。整體在地建築沒有了美學，沒有了文化，幾乎都是亂搭鐵皮、鐵條裸露、油漆褪色，是一個沒人關心與在乎的生活環境。諷刺的是，台灣有這麼多設計學院，大家都在談設計、談美學、談生活，可是怎麼大部分鄉鎮都不美？如果有人把鐵皮屋設計成具備美學、容易組裝、功能性強、容易配色，讓鄉下的鐵皮工人都可

以用最簡單的方式組裝出最漂亮的鐵皮屋，這難道不是一個非常大的商機！

傳授經驗，翻轉鄉鎮

有一次我應文史作家王浩一老師之邀，前往台南一間知名廟宇進行人員培訓。廟宇解說員經過計畫培訓課程歷練後，都非常專業。但如何在未來轉化成導覽解說服務，找到自己的價值？於是王浩一老師請我來分享商業實務營運的課程。透過這些實務營運的分享，我慢慢從中體會到經驗傳承與知識建構的重要性。

由於台灣農業社經結構的變遷與體驗經濟時代的來臨，傳統農業鄉鎮正面臨新型態的轉型問題。如何引導有潛力的年輕人順勢掌握農業鄉鎮轉型契機，發展創意、創新，與創業的三創新形態農業經濟生活圈，已經是一個非常專業的體系問題，而不是一個傳統的產業問題。這也是一個如何讓政府與民間形成資源與共及協力合作的問題，而不是可以單獨面對與獨自成就的個體企業問題。這些問題的解決方案，需要長期的鄉鎮發展經驗。

台灣鄉鎮發展過程中，最珍貴的就是大家遺留下來的經驗，不論成功或失敗。可是往往社會發展太快，來不及彙整這些經驗分享給其他鄉鎮，變成大家各自獨立發展，沒有好好運用前人的實務基礎，加速發展多元的價值與創新的做法，這是社會無形的損失。青年創業不能只有熱情，創業團隊必須重新定義效率與做法，創新觀念以及建構屬於自己的發展生態，才有辦法找到順應新時代的營運模式。而年輕人回鄉創業，更是需要前人的經驗與知識來引領。

翻轉的開始，大學進入鄉鎮

二〇一二年初，經友人推薦，我認識了在國立雲林科技大學設計學院任教的張文山老師。對於引導年輕人找到未來發展的目標，他有自己的做法。由於來自業界，對於大學教育與業界的橋接，更有一份執著。

文山老師認為，鄉鎮的發展就是一種實驗與實踐的活化過程。在這個過程中，最需要的是年輕人活力的挹注。如果年輕人願意回到鄉鎮發展，那就必須先讓他們在實驗與實踐的過程中找到問題與看到機會，讓年輕人知道自己的專業可以填補鄉鎮的哪個缺口，滿足鄉鎮的哪些需求，以及能為鄉鎮帶來什麼價值，甚至看到未來在鄉鎮謀生或創業的機會。最重要的是讓年輕人認識鄉鎮，進而產生連結的感情。這個實驗與實踐的過程，正是大學教育體系走出校園，以師生團隊專業參與鄉鎮發展的境教學習目的。

就是這樣的契機，讓我與文山老師的理念一拍即合，我們決定讓雲科大的大學體制進入鄉鎮，鄉鎮的翻轉概念，從這個時間點進入了實驗與實踐的階段。

當學生認識了小鎮賣米麩的阿姨，當阿姨叫得出學生的名字，這時年輕人才會真正感受到什麼叫對鄉鎮的認同。我們想要給年輕人的，就是這種鄉鎮的

情愫。因此我與文山老師展開了一段鄉鎮社會創新的教學實驗過程，從改變課程的學習模式做起，將設計教育與鄉鎮生活文化做結合。

例如，以分組的學期作業為小鎮店家建立行銷網站，讓學生認識鄉鎮的生活細節；以竹原材料發展文創商品，讓學生探索竹山文化的底蘊；以小鎮的廢棄材料發展裝置藝術，讓學生體驗小鎮淨化後的感受；以「竹山特攝」的攝影及微電影競賽活動，讓學生看見竹山各個地點與時間點的美；以竹山小鎮有禮的活動，讓學生規劃出活化在地產業的方案；以台西客運公車站新妝點設計的課程作業，讓大陸交換生體驗竹山小鎮的不同風貌；以及鼓勵專長換宿，讓學生體會自己的專業對小鎮活化是無比的重要。

最後，學生熟識小鎮的每一個人，小鎮的每一個人也不斷的吆呼學生的外號。我與文山老師此時心中是無比的感動，這是一種不需要言語來表達，只需要會心一笑的點點頭，因為我們知道，我們做對了。

引進創新的專業融合，產生符合趨勢的感動服務，才不會讓鄉鎮靜默無語。

但我們覺得這樣還不夠，因為在社會創新實驗與實踐活化的過程中，社區的參與程度應該可以再擴大，外地年輕人回流的機會應該要再增加。大學體制進入鄉鎮的同時，鄉鎮也需要有一個可以讓學校、外地青年、小鎮居民，以及其他企業單位做多方對話的平台，因此我們決定給鄉鎮一間「學堂」。

為了連接鄉鎮經驗傳承的斷點，我們和張文山老師在小鎮上創建了「竹巢學堂」。透過「學術鄉鎮駐點」與「鄉鎮翻轉教室」的方式，帶入了服務設計的方法論，藉由進入鄉鎮場域的基礎探勘研究，以親產學的概念親近鄉鎮各角落。

經過了這幾年的時間，逐漸彙整我們在竹山發展十年的鄉鎮發展實務經驗，也建構了鄉鎮發展知識體系。因此「竹巢學堂」不僅是一個「鄉鎮共好」的對話平台，也已經成為一個「鄉鎮經驗反芻」的知識平台。

竹巢學堂，翻轉小鎮

「竹巢學堂」不再只是一個演講或論壇的空間，現在被賦予「傳授經驗」與「翻轉鄉鎮」的轉化任務。首重知識與經驗的有形建構，以及具體的將十年經驗轉化成一系列「聚落經理人」研習課程。

在我們傳授鄉鎮經驗的課程裡，除了訓練數字經營的營運能力之外，最重要的就是如何擺脫傳統觀光模式，讓在地發展取之於社會資本，並且設計出將觀光能量轉換為在地永續發展的創新學習。

另外，我們統合了過去的經驗，將如何在沒有經費的情況下進行社區營造。發展出論壇、夜跑以及青年換宿等活動，轉換為一個個的概念和表格，編成一系列教材。協助每位青年在返鄉創業前，都能夠透過我們的學習課程累積經驗，有更多思維去面對未來的挑戰，讓民間創新的力量，打造出具有在地特色的鄉鎮自主性友善發展生態。

這個「聚落經理人」研習課程正緊鑼密鼓的在規劃中，也是我們「小鎮文創2.0」的重要發展工作，希望透過這樣的「鄉鎮經驗傳承系統」，有效分享我們的十年經驗。

台灣雖然不大，如果能夠把我們這世代努力的價值翻轉擴大，甚至影響海外國際前來取經，我認為，未來會有非常多青年參與改變社會的契機！

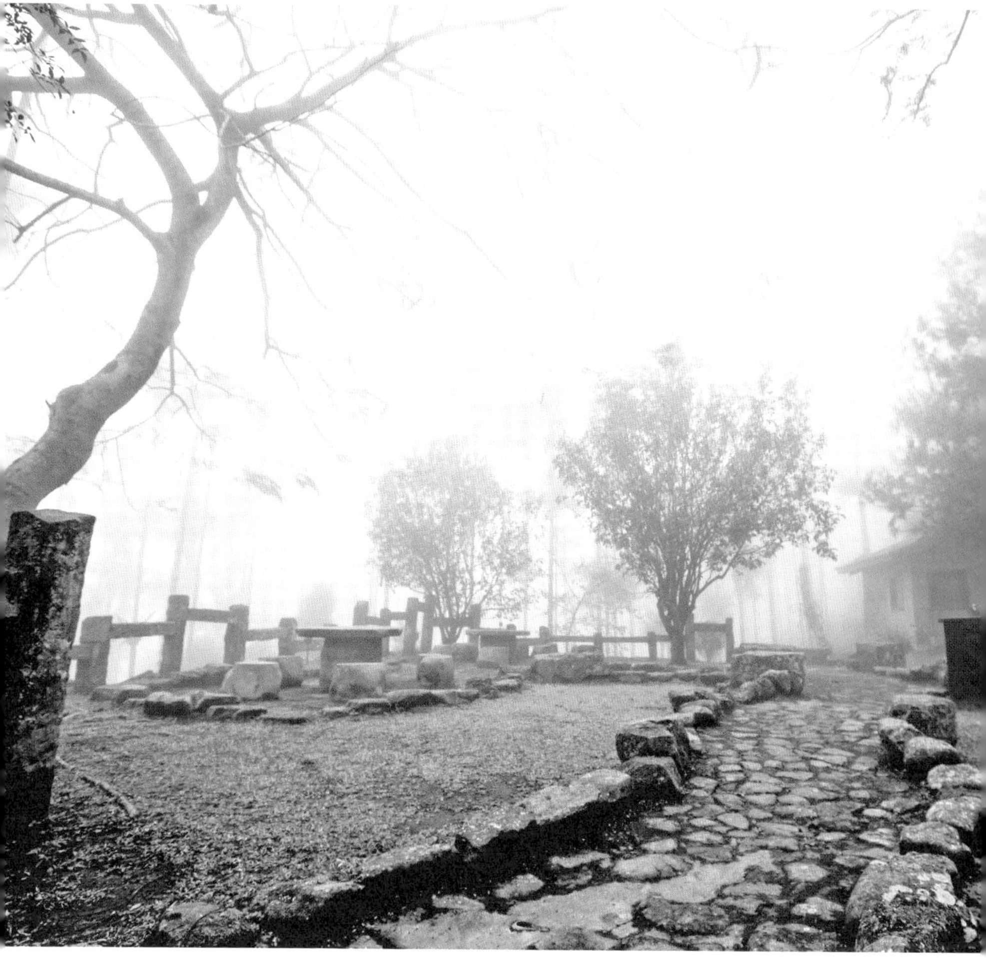

竹巢學堂：鄉鎮知識的累積轉型

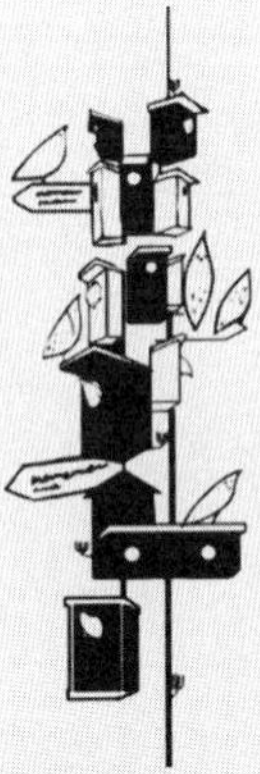

每一隻鳥都象徵著住在城市中的青年，身處異鄉忙碌與奔波，漸漸遺忘自己目標理想，以及那熟悉可愛的家鄉。

每個青年都有自己的專長，就像身上美麗的紋路。每個人的專常都來自不同領域，我們期盼年輕人來到「竹巢學堂」，建立起一個個美麗的園地，運用自己的專長幫助鄉鎮。

透過在「竹巢學堂」的經驗與知識分享，青年合作築起一個完整的巢，一個在地的家，一個可以創造鄉鎮價值與溫暖的巢。

經驗與知識的傳播將由體悟後的青年帶領新求知者，引領他們如何應用自己的專業去分享、去關懷。

他們來到「竹巢學堂」學習如何當一位出色的聚落經理人，建立起一個散播鄉鎮知識的集散地。然後像蒲公英般回到各個鄉鎮，散播知識，讓分享的精神持續發酵到各鄉鎮，讓更多青年願意回鄉創業與關懷在地。

小鎮知識庫

想法很輕
影響卻很重大
一本書
竟能翻轉沒落的鄉鎮

這些年來，有兩件事影響我最深，一是運動，二是閱讀；前者是投資身體，後者是投資頭腦。無論生活工作如何忙碌，我盡量維持每天跑步的習慣，也依然抓緊時間，隨時閱讀。我一直深深相信，閱讀可以帶來改變，能讓我累積更多想法，這是我的親身體驗。

大學時期對未來最茫然的時候，我很想知道台灣社會究竟存在哪些生活、工作，以及期待？課堂上所安排的都是專業訓練，局限我們對於未來的多元想像，所以我到學校圖書館尋找我心中有所期許，卻沒那麼篤定的答案。在茫茫書海中，我在名人傳記區發現了一本郭泰寫「經營之神」王永慶的書——《王永慶奮鬥史》，描述王永慶先生如何白手起家的生命故事。

看書當下，給了我很大的衝擊與啟發，原來要翻轉自己的命運，必須永無止境的嚴格要求自己，面對所有艱困。我還看了松下幸之助的書，才知道他出身苦難家庭，一生辛苦，努力鑽研開發新產品，最終造福了社會。人生就應該這樣，不論出身高低、文憑好壞，只要願意多方嘗試，都有機會成功。

後來我開始翻閱各種財經企管雜誌，包括《遠見雜誌》、《天下雜誌》、《商業周刊》……等等，裡面有很多創業的真實個案專訪，這些個案都是台灣正在發生的真人真事，他們的努力正在改變著我們的社會，未來會有很大的影響。

這些刊物，我從大一看到大四，幾乎沒有錯過，這些報導對我也起了很大的鼓勵作用。雖然當時我還沒找到屬於自己未來的答案，但我相信，當機會來臨時，這些準備都可以變成很好的養分。

買書換腦袋

如果我們想要透過創業改變社會，要有足夠的思維才行；如果我們想要站在巨人的肩膀上看世界，透過閱讀是非常有效率的做法！我經常透過閱讀，吸收大量創業個案來精實思考中的資料庫，累積成為我未來解決問題的知識基礎。

人的想法很輕，影響卻很重大。

學校傳授的是縱向、日漸艱深的理論，卻沒給予大量橫向多元不同的個案，增加我們的跨界策略思維。因此我每個月都花費數千元買書，藉由吸收書裡的個案，讓自己在解決問題時，能夠聯想到更多的方法應對。

一本兩、三百元的書，如果我們可以把書本裡面的實務觀念，透過自己來親身實踐，所產生的價值一定遠超過書價。想突破瓶頸、要讓夢想沒有極限，我們需要開另一扇窗，用另一種思維，想另一種策略，做更有影響力的事情。

當初，我看了台灣半導體教父張忠謀的自傳，裡面提到了開放製程的概念。那時台積電讓很多小廠進來，再依他們的需求做出晶片規格，統一在生產線上運作。這個案例啟發了我青年換宿的想法。

宿舍猶如生產線，學生是進駐的小廠，每個月投資七千元房租，這間宿舍一年就能產出數百個專長與創意。人的想法很輕，可是影響卻很重大，誰也沒想到，一本書竟能翻轉沒落的鄉鎮，進而改變了竹山的未來。

我總是從書裡尋找解決方案，這幾年創業的很多概念與想法，也是從閱讀得到靈感。我曾看過一本日文翻譯書，描述一家壽司小店的行銷手法，一看就覺得「這個想法我們團隊應該可以做到」！於是就把知識變成我的改變。我們對旅客說：「服務並非從住宿當天才開始，而是出發前到回家後的整體完善流程。」那本書帶來的啟發，讓我知道原來服務可以跟其他人不一樣，沒有極限，也沒有終點。

小鎮書店

現代人閱讀時間愈來愈少，對於書的價值的認知也逐漸模糊。我們常把書本文字和網路資訊混為一談，但是，書其實是特別深入、專注以及精闢的。我們對書的認知，似乎只在裡面的文字、內容和書的價格，然而我內心真正思考的是：什麼是一本書的影響力？一本書的影響力究竟可以發展到什麼程度？是否有人可以真正去實踐一本書所隱藏的爆發力量？

如果我們把書裡的概念應用實踐並產生了改變，是否就可以重新相信書本、相信閱讀。這是一種信念。所以我一直在思考：怎樣才能把書的影響力及其中的道理，透過人，實踐在真實的生活裡？

我想要透過「藏書」這個概念，讓大家對於閱讀書本之後實際產生的影響，在竹山完整的詮釋出來。我們最近開始在「竹巢學堂」闢一個藏書空間，選入一百種各領域專業書籍，範疇包括：農業、網路、

生態、文創、設計、養生……等，是各種實務發展經驗方法與知識的匯集。我希望讓鄉鎮的創業者，或心中有疑惑的人，到這個書店來尋找可以借鏡的方法。

在鄉鎮奮鬥作戰的人，雖然懷抱著夢想，但有時候很孤單。在閱讀的過程中，看到很多人跟你一樣，你就不寂寞。近兩年，我在竹山發現許多第一線全力以赴的青年創業家，以及返鄉從事各行各業的居民，他們都面臨了許多錯綜複雜的問題與考驗，包含我們自己團隊也是，隨時都有各種問題在嚴峻的考驗著你。

方法比熱情更重要

這讓我極想在鎮上開闢「基礎實務知識庫」，我們鼓勵第一線作戰人員，一定要打開自己的局限，強迫自己花時間在書裡找到更好的解決方案，將別人想要成長，除了靜下心來閱讀與省思之外，沒有其他更好的方法。

珍貴的實務經驗，轉化成自己的作戰策略。讓書籍本身的知識得以被實踐，這價值遠超過書本的價格。

如果我們可以把每本書的知識，轉化成未來竹山實踐的力量果實，百種鄉鎮發展經典，就是我們打造未來發展中重要企圖的一環！未來我們還計劃在竹山舉辦「書本的影響力發表會」，也是這個小鎮重新再起的生命力！我堅信，書店會讓整個竹山的生態變得更好、更豐富。

有時候，方法比熱情重要。創業過程中，我一直認為創業家除了敢於實踐熱情外，個人閱讀吸收新知的習慣也非常重要！從大學以來我就相信，閱讀是讓自己更有遠見思想的最佳投資。過去，我用書籍投資自己，未來，我們用書本投資台灣的鄉鎮。

翻轉人生心法6：閱讀

閱讀，也是人生中少數「只賺不賠的良善投資」。我們可能沒辦法到很多地方去見識、觀察，但透過書籍和網路的閱讀，有助於建構思考的基礎，對未來發展策略可以產生更多的想像。但是，怎麼閱讀才有效率？

1 **善用零碎時間：**不一定要撥出固定時間來閱讀，不妨善用零碎時間，利用等待、吃飯或搭車的空檔。我的背包裡一定會放當期的雜誌，利用通勤時間閱讀完畢。我車子的前座和後座也擺了不少書，家中房間、廁所、浴室也都有書，隨時隨地都可以閱讀。

2 **找重點：**閱讀完畢後，花點時間整理歸納，用很精簡的幾句話，替文章或書下結論，把文中的好概念和觀點留下來，讓每一次閱讀都有實質收穫。

3 **尋找典範：**我喜歡有目的性的閱讀。年輕時看傳記是為了尋找典範，尋找值得學習模仿的對象；現在看傳記，則是一種情境的練習，我常模擬自己是主角，如果遇到相同的狀況，是否會有其他的決策思考或不同的選擇？

4 **數位閱讀：**當透過一本書認識了一位企業家，我會上YouTube用關鍵字搜尋，看這位企業家的網路演講以及在不同場合的影像報導，讓我能夠更多元的了解和學習。跟別人見面前，我也會先做好功課，透過網路先了解對方的觀念和想法，見面時自然會給對方留下深刻的印象。

5 **橫向閱讀：**多讓自己培養橫向閱讀的習慣，可以打破專業領域對人生無限可能的限制。

閱讀可以累積很多個案和策略在腦海裡，需要的時候就會跳出來幫你；閱讀也可以讓你超越現有的限制，看到改變的可能性。

小鎮夢想製造機

這裡的空氣清新
翠綠的竹林似海
幽靜宜於人居
歡迎一起來打拚

鄉鎮很遙遠，網路無國界。當竹山的概念不再是位處偏鄉的小鎮，而是以網路聚落的姿態存在，就能跳脫地域的限制，轉型為持續成長的網路城鎮。

近年，竹山的「戶籍人口」從八萬人減少到五萬人，但是透過網路的重新定義，把「竹山人」的概念從戶籍延伸為關心這塊土地的人。隨著在網路上關心竹山的人愈來愈多，竹山的「網路人口」也會不停成長，甚至有可能從五萬人擴張到五十萬！這就是我們對於網路未來創新想像的開始。

「跟這個地方有感情了，竹山是我第二個家。」TED×Taipei策展人許毓仁傳來一則簡訊，當下我內心感受非常溫暖，竹山又多了一位居民。自從來過竹山一趟，他就認同了這個充滿熱情的小鎮，給予「小鎮文創」許多協助。

事實上，竹山的發展並非全部來自於在地人，而是取之於社會資本，與外地人的熱情參與。他們的投入與努力甚至比在地人還要執著辛苦，即使離開當地，也持續透過網路默默關心竹山。

我們一直相信，有一種信念，能夠聚集一群人，造就一個勢，最後萌動這座山城。想要實現夢想，最好的方式就是傳遞你的熱情，讓更多人加入這個夢想的行列。

傳遞熱情，夢想起飛

葉宥豆原本是電視台的影像製作，為了用影像記錄自己的故鄉，讓更多人認識竹山，她毅然放棄了台北的生活圈，決定返鄉拍出屬於竹山的電影。

「你回竹山拍片，有市場嗎？」許多台北的同事不認同她的想法。

「嗯，等我回去再想吧！」

路途是人走出來的，風景也是人欣賞出來的，她沒有屈服於困境，即使竹山鎮上的戲院因為九二一地震全倒光了，她仍一心一意想回鄉挑戰夢想。由於鄉鎮人口外流，加上戲院都倒光了，葉宥豆計劃開拍一部屬於竹山的動人影片，未來可以在廟口搭起布幕，像古早時的蚊子電影院一樣，讓每個鄉鎮居民都能看見竹山的故事，讓大家明白只要挽起袖子奮鬥，沉眠的鄉鎮就有復甦的希望，

竹山小鎮上還有好多人，好多家庭，好多商家，好多社區都還在認真的建造自己的夢想。這些感人夢想，有沒有可能讓「小鎮文創」建構一個平台與社會交流？

於是「小鎮文創」在一位返鄉青年

黃俊毓自告奮勇的協助之下，發揮他系統工程師的專長，於二〇一五年開發完成了「小鎮未來行動平台」，把在地向善翻轉的夢想計畫，透過適合鄉鎮發展的平台審查流程。提案者不必繳交複雜繁冗的企劃書，我們審查計畫初衷，並且由提案者邀請在地三位支持他們夢想的朋友，到「小鎮文創」分享支持提案計畫的理由。

另外，提案者要挑選一本書籍中的觀點論述，轉化成創業計畫中被實踐的價值。透過在地人彼此認同以及運用知識，讓鄉鎮產生力量。在這樣的發展環境下，我們努力建構竹山的學習氛圍。

未來我們開始邀請企業團隊，透過平台購票，就能夠參與竹山在地各種熱情夢想計畫體驗展出。我想，這樣小而美的夢想，更能讓人產生共鳴。期許未來透過「小鎮未來行動平台」到更多鄉鎮發掘在地夢想，讓夢照亮自己的故鄉，為在地建構更友善的發展生態。

小鎮未來行動
平台官網

我們正在籌備把葉宥豆的「跟著導演拍部戲」、林家宏的「國際竹蜻蜓大賽」等夢想計畫放上網路平台，讓外地企業團隊，或者在外打拚的竹山遊子，以及所有關心竹山的人，都能藉著這個平台行動支持這些竹山的夢想計畫。

每個提案都是一個夢想，只要夢想一個個實現，就能讓小鎮感受到即使未來如此艱困，還是有這麼多的夢想被實現。愈是不樂觀的環境，我們愈要勇敢前行，讓層層疊疊的夢想堆砌出一個充滿希望的竹山。

看見竹山

青年返鄉創業的時候，最常遇到的問題是找不到不同專業的合作夥伴。同樣的，在地人即使有心，也找不到完整資訊。我認為問題出在缺乏一個完整的在地資料彙整，以致於創業者和人才明明處於同一個鎮上，卻像是眼睛蒙上一層黑布，看不見彼此的存在。

隨時提醒自己，最後那一步還沒到，不要鬆懈步伐，休息一下，趕快準備上路！

鄉鎮要對外招商，首先要有一個完善的創業環境。但現實情況卻是，創業家連要找到一位專業網頁美編的資訊都有困難。地方政府沒有整理，問鄰居也不知道，有時得花上一、兩個月才能找到合適的對象。所以，我們決定建立竹山在地資料庫，彙整鎮上各種類別的工廠、商家、專業人才等相關資訊，為竹山塑造一個更友善的創業環境。

在蒐集資訊的過程中，我們發現竹山居然有工程師、企業公關、產品設計、網路設計、園藝造景，以及許多各行各業的人才！過去由於資訊不完整，使得他們無法被創業者看見，而廠家也因為無法與創業者媒合，錯失了許多合作機會。現在，我們在「小鎮在地資訊平台」彙整資訊，讓合作的機會更有效率。我們真正要努力的，並不是要求大家收入均等，而是發展機會的均等，我們至少要努力讓每個人都有相同的發展機會。

透過網路力量，竹山小鎮努力向外界訴說它正在蛻變發展的一切。這裡空氣清新，翠綠的竹林似海，幽靜宜於人居。我們有

小鎮在地資訊平台官網

最熱情的夥伴營造社區，聚集許多藝術家形塑人文氣息，還有路上相約路跑的親切居民，以及最友善的創業聚落，歡迎來竹山與我們一起打拚！

一路走來

「天空的院子」營運滿十年了，當我們仰頭欣賞院子裡九芎姿態豐盛，地面下的樹根，其實扎得很深。我們願意花一生的時間，努力一件可以流傳很久的事情。

二〇〇五年的一月二十八日，是「天空的院子」房客初次入住的日子，記得當時我一人擔任管家，懷抱著不安的心情服務房客到深夜，一晃眼，原來，十年的時間回憶，是一種恍然大悟的感受。

或許，在事隔多年之後，我仍會回想起在二十六歲那年，曾經為了追求自己選擇的人生，而踏上院子最初的那個腳步。腳步一步一步、一天一天，漸漸的，走出了自我，感觸了無常，永存了感恩。「天空的院子」是我的第一個夢想，但是，當你知道追逐夢影的百鍊艱辛與圓夢後的甘甜美味，我想，你也會愛上有夢的感覺。

青年創業圓夢網

政府多個部會都有協助青年創業的資源，可是缺乏統一窗口，以致於許多青年不知道該循哪條管道請求援助。政府資源乏人問津，便民美意也形同虛設。

我成為行政院「青年顧問團」成員將近一年，大家一起歷經多場會議協商，行政院十三部會共同努力下終於取得共識，並且整合政府所有的青創資源，彙整於「青年創業圓夢網」。

目前，我們正積極推動「青年創業圓夢網」與地方政府聯結，希望透過中央與地方的網路資訊同步更新，讓政策與資源的轉換更有效率，為青年朋友創造更友善均等的發展機會。

青年創業
及圓夢網

竹青庭人文空間，竹山台西老客運站空間活化計畫，品味竹編的藝文空間、品嚐在地的原味美食。

圖片來源 ——

小鎮文創
2-3, 22-23, 32, 37, 38, 42-43, 52, 63, 67, 70, 73, 75, 83, 87, 110, 111, 112, 121, 130-131, 151, 159, 171, 174, 179, 182, 190, 203, 219, 230-231, 234, 242, 255, 263, 270

吳敏菊
146

林家宏
187, 195

遠見雜誌賴永祥
作者照片, 27, 59, 80, 90-91, 95, 99, 103, 126, 143, 167, 173, 182, 223, 238, 247, 267

心理勵志 BBP372B

有種生活風格，叫小鎮

天空的院子：翻轉地方的夢想、信念、價值

作者 — 何培鈞
採訪整理 — 振鑫、林宜諄

總編輯 — 吳佩穎
責任編輯 — 陳怡琳
封面設計 — 江孟達
內頁設計 — 連紫吟、曹任華

出版者 — 遠見天下文化出版股份有限公司
創辦人 — 高希均、王力行
遠見・天下文化・事業群 董事長 — 高希均
事業群發行人／CEO — 王力行
天下文化社長 — 林天來
天下文化總經理 — 林芳燕
國際事務開發部兼版權中心總監 — 潘欣
法律顧問 — 理律法律事務所陳長文律師
著作權顧問 — 魏啟翔律師
地址 — 台北市 104 松江路 93 巷 1 號 2 樓

讀者服務專線 — 02-2662-0012 ｜ 傳真 — 02-2662-0007, 02-2662-0009
電子郵件信箱 — cwpc@cwgv.com.tw
直接郵撥帳號 — 1326703-6 號　遠見天下文化出版股份有限公司

製版廠 — 東豪印刷事業有限公司
印刷廠 — 立龍藝術印刷股份有限公司
裝訂廠 — 聿成裝訂股份有限公司
登記證 — 局版台業字第 2517 號
總經銷 — 大和書報圖書股份有限公司　電話／ (02)8990-2588
出版日期 — 2021/01/25 第二版第 2 次印行

定價 — NT$380
4713510946336
書號 — BBP372B
天下文化官網 — bookzone.cwgv.com.tw

國家圖書館出版品預行編目(CIP)資料

有種生活風格,叫小鎮：天空的院子：
翻轉地方的夢想、信念、價值 / 何培鈞著.
振鑫、林宜諄採訪整理
第一版. -- 臺北市：遠見天下文化, 2015.08
　面；　公分. -- (心理勵志；BBP372)
ISBN 978-986-320-807-5 (平裝)

1.何培鈞 2.竹山 3.創業

783.3886　　　　104015483

天下文化

BELIEVE IN READING